Peter Schröder **Hobbes**

Die hobbessche Rechtslehre geht von der Notwendigkeit aus, den rechtlosen Naturzustand zu verlassen und durch einen Gesellschaftsvertrag einen Staat zu etablieren. Der Einzelne muss daher auf sein »Recht auf alles« verzichten – und erhält im Gegenzug Sicherheit, die der Souverän garantiert. Der Gesellschaftsvertrag gewährleistet dabei die Legitimität staatlicher Herrschaft. In den westlichen Demokratien gilt dieses Theorem bis heute. Hobbes' politische Philosophie bildet somit, trotz der zuweilen äußerst scharfen Rhetorik gegen den Philosophen, die Grundlage für die späteren liberalen und rechtsstaatlichen Theorien.

Peter Schröder, geboren 1965, lehrt als *Senior Lecturer* für Geschichte am *University College London*. Sein Arbeitsschwerpunkt ist die politische Philosophie.
Buchveröffentlichungen u. a.: *Naturrecht und absolutistisches Staatsrecht. Eine vergleichende Studie zu Thomas Hobbes und Christian Thomasius* (2001); *Klaus Mann zur Einführung* (2002); *Niccolò Machiavelli* (2004).

Grundwissen Philosophie

Hobbes

von

Peter Schröder

Philipp Reclam jun. Stuttgart

RECLAM TASCHENBUCH Nr. 20271

Reihengestaltung Grundwissen Philosophie:
Gabriele Burde
Umschlagabbildung vorn: Ausschnitt aus einem Gemälde
von John Michael Wright (um 1669/70)
Umschlagabbildung hinten: © privat
Satz: Steffi Glauche, Leipzig
Druck und Bindung: Reclam, Ditzingen
Printed in Germany 2012
RECLAM ist eine eingetragene Marke
der Philipp Reclam jun. GmbH & Co. KG, Stuttgart
ISBN 978-3-15-020271-5

www.reclam.de

Inhalt

Für meinen Bruder Frank

Einleitung

> »Ich gebrauchte das Wort ›Staat‹: es versteht sich von selbst, wer damit gemeint ist – irgendein Rudel blonder Raubthiere, eine Eroberer- und Herren-Rasse, welche kriegerisch organisiert und mit der Kraft, zu organisieren, unbedenklich ihre furchtbaren Tatzen auf eine der Zahl nach vielleicht ungeheuer überlegene, aber noch gestaltlose, noch schweifende Bevölkerung legt. Dergestalt beginnt ja der *Staat* auf Erden: ich denke, jene Schwärmerei ist abgethan, welche ihn mit einem *Vertrage* beginnen liess. Wer befehlen kann, wer von Natur *Herr* ist, wer gewaltthätig in Werk und Gebärde auftritt – was hat der mit Verträgen zu schaffen!«
>
> *Friedrich Nietzsche, Genealogie der Moral*

Thomas Hobbes (1588–1679) ist einer der bedeutendsten Klassiker der politischen Philosophie. Das wird allein daran deutlich, dass die von ihm aufgeworfenen Fragen und Problemstellungen in erstaunlichem Maße noch immer auch grundlegende Fragen und Probleme unserer eigenen Zeit sind. Wie können Frieden und Sicherheit erreicht werden? Welche Bedingungen müssen erfüllt sein, damit die Menschen bereit sind, im Interesse der Sicherheit auf einen Teil ihrer Freiheit zu verzichten? Wie kann das Verhältnis zwischen Staat und religiöser Gemeinschaft bestimmt werden? Und wo findet der Einzelne zwischen diesen Institutionen die Freiheit für seinen Glauben?

Diese Studie konzentriert sich auf diese fraglos bedeutendsten Aspekte der hobbesschen Philosophie.[1] Hobbes gibt in seiner komplexen Rechtsphilosophie schlagende Antworten auf diese schwierigen und kontrovers diskutierten Fragen. Dabei ist der Ausgangspunkt der einzelne, durch Leidenschaften charakterisierte Mensch, der von Hobbes zugleich als Träger von Rechten bestimmt wird. Die Idee des Naturzustands erklärt er dabei innovativ als Referenzrahmen alles weiteren philosophischen Fragens nach den Bedingungen des menschlichen Zusammenlebens. Ungeachtet aller Komplexität gelingt es ihm, diese fundamentalen Probleme auf bündige Schlussfolgerungen hinzuführen und so seine anspruchsvollen Lösungen in eindrucksvoller Prägnanz zu präsentieren. Hobbes' radikale Art des Philosophierens wird – gerade auch angesichts der zahllosen spezialisierten Studien zu Hobbes – nicht immer angemessen gewürdigt und droht zuweilen in der komplexen Thematik unterzugehen.

Hobbes forderte mit seiner Philosophie die bestehenden Traditionen und Denkmuster bewusst heraus. Er erregte mit seiner unkonventionellen und zuweilen revolutionären Philosophie Anstoß bei den führenden intellektuellen Eliten und wurde weitgehend abgelehnt. Zugleich kommt die spätere Tradition des liberalen Denkens nicht umhin, ihren Ausgang von Hobbes' Philosophie zu nehmen, denn das von ihm diskutierte Verhältnis von Freiheit und Herrschaft, von Individuum und Staat, wird von ihm auf eine neue Grundlage gestellt. Dem staatsbegründenden Gesellschaftsvertrag, der in seiner legitimitätsstiftenden Variante so erstmals von Hobbes entwickelt wurde, kommt dabei eine kaum zu überschätzende Bedeutung für die weitere politische Philosophie zu. Die Legitimität staatlicher Herrschaft wird in den westlichen Demokratien bis heute mit diesem Theorem begründet. Hobbes' politische Philosophie bildet somit, trotz der zuweilen äußerst scharfen Rhetorik gegen ihn, auch den eingestandenermaßen unbequemen Ausgangspunkt für die späteren liberalen und rechtsstaatlichen Theorien.[2] Das hobbessche Werk bietet daher noch immer wichtige Perspektiven zum Nach- und Weiterdenken.

Seine Begründung des Gesellschaftsvertrags zur Überwindung des Naturzustands wird in den ersten beiden Kapiteln dieser Studie vor allem anhand seiner Hauptwerke *De Cive*

(1642) und *Leviathan* (1651) erörtert. Das Herzstück bildet seine Souveränitätstheorie, die durch den staatsbegründenden Vertrag mit der herrschenden Tradition des Absolutismus, die herausgehobene Stellung des Monarchen durch göttliches Recht zu legitimieren, bricht. Hier schließt sich unmittelbar die wichtige, aber oft vernachlässigte Analyse der Bedeutung der Religion in der hobbesschen Staatsphilosophie an. Die Frage nach dem Verhältnis von individueller Entscheidungsfreiheit, Seelenheil und staatlicher Herrschaft in Hobbes' Philosophie wird im dritten Kapitel dieser Einführung im Kontext seiner politischen Philosophie ausführlicher diskutiert. Hobbes wollte beweisen, dass das Seelenheil und die (irdische) Freiheit gleichermaßen vor allem vom Gehorsam gegenüber dem Souverän abhängen. Im *Leviathan* verfolgt er unterschiedliche Strategien, um die Menschen davon zu überzeugen, dass sie ihr eigenes Urteil und die ihnen eigenen Rechte – im Interesse der Selbsterhaltung und der Etablierung staatlicher Souveränität – doch zumindest weitgehend aufgeben sollten. Hobbes' Vertragsrechtstheorie zur Begründung staatlicher Herrschaft gipfelt in der Behauptung: »der Akt unserer *Unterwerfung* enthält sowohl unsere *Verpflichtung* als auch unsere *Freiheit*« (Leviathan, 168). Das Spannungsverhältnis von Sicherheit und Freiheit bildet den Kern der hobbesschen Rechtsphilosophie. Aber bereits bei Hobbes ist sie um die wieder aktuell gewordene Frage, wie religiöse Gemeinschaften und deren Bindungen an andere Werte als denjenigen der staatlichen Rechtsgemeinschaft innerhalb des Staates zu beurteilen und gegebenenfalls zu integrieren sind, erweitert.

Die Bedingungen des Naturzustands charakterisieren auch das Philosophieren über die Probleme der Beziehungen zwischen Staaten. Hobbes' Bedeutung als politischer Philosoph wird gerade in dem noch sehr jungen politikwissenschaftlichen Forschungsfeld der internationalen Beziehungen, der in der angloamerikanischen Forschung entwickelten *international relations theory*[3], besonders deutlich. Diese wichtigen

Aspekte seiner politischen Philosophie werden im vierten Kapitel hier zum ersten Mal in einer einführenden Studie erörtert, denn das Verhältnis von souveränen Staaten zueinander wurde von Hobbes innovativ diskutiert. Einige der zentralen Probleme, die Hobbes als Erster benannt hat, sind nach wie vor nicht gelöst. Schon allein daraus erklären sich seine Bedeutung und die Faszination, die seine politische Philosophie immer noch ausübt.

1. Der Naturzustand

Hobbes behauptet selbstbewusst, dass die Moralphilosophie auf eine neue Grundlage gestellt werden müsse. Die »Staatsphilosophie«, so Hobbes in *De Corpore*, ist »nicht älter (...) als das Buch, das ich über den Staatsbürger [d. h. *De Cive*] geschrieben habe« (Der Körper, 5). Er erhob mit *De Cive* keinen geringeren Anspruch, als diese neuen Grundlagen geschaffen zu haben, von denen aus er »die Notwendigkeit der Verträge und der Einhaltung der Treue und damit die Elemente der sittlichen Tugend und der bürgerlichen Pflichten (...) in völlig klaren Folgerungen dargelegt« habe (Vom Bürger, 62). Auf den ersten Seiten seines Widmungsschreibens in *De Cive* wird also bereits das ganze Panorama seiner politischen Philosophie skizziert. Es handelt sich dabei, was leicht übersehen wird, um den Entwurf sowohl einer Rechts- als auch einer Moralphilosophie, denn wie die Stelle deutlich ausweist, waren Hobbes zufolge sowohl sittliche Tugend als auch bürgerliche Pflichten neu zu überdenken und zu begründen. Bis hin zu Kant wurde in der Philosophie nicht systematisch zwischen Moral- und Rechtsphilosophie unterschieden. Diese Fragen wurden vielmehr in der Lehre vom Naturrecht behandelt. Das Naturrecht, das in der frühen Neuzeit von Theologen und Juristen gleichermaßen als Grundlagendisziplin an protestantischen und katholischen Universitäten gelehrt wurde, wurde von Hobbes in origineller Weise überarbeitet.

Der Ausgangspunkt seiner Kritik ist dabei die Philosophie Aristoteles'. Gleich zu Beginn seines Werkes kritisiert Hobbes die *Politik* des Aristoteles. Die Schulphilosophie des Naturrechts war durch Aristoteles' Lehre bestimmt; Hobbes will mit seiner eigenen Philosophie diese Dominanz brechen und Aristoteles' Philosophie über Staat und Gesellschaft durch seine eigene ersetzen.[4] Das heißt nicht zwingend, dass Aristoteles für ihn bedeutungslos gewesen wäre. Die intensive Auseinandersetzung mit Aristoteles kann – trotz aller negativen Rhetorik gegen ihn – zugleich auch als ein deutliches Indiz der Anerkennung, die Hobbes ihm schuldet, gelesen werden. Hobbes macht in der zitierten Stelle aber auch unmittelbar klar, worin denn seine Neuerung besteht, indem er auf die Notwendigkeit und Bedeutung der politischen Verträge verweist. Er hat damit nachhaltig eine jahrhundertealte Tradition infrage gestellt und radikal reformiert. »Weit gefehlt«, so bereits der Staatsrechtler Georg Jellinek (1851–1911), »wäre es nämlich, im Mittelalter eine Lehre zu suchen, die im Vertrage den letzten Rechtsgrund des Staates erkennen würde. Zwei gewichtige Umstände stehen einer prinzipiellen Durchbildung der Vertragslehre im Mittelalter entgegen. Einmal die kirchliche Anschauung, die den Grund des Staates in einem durch die Erbsünde bedingten übermenschlichen Willensakte erblickt, daher menschlichen Willen nicht als einzige Basis des Staates anzuerkennen vermag, sodann die unbestrittene Autorität des Aristoteles, dessen Ansichten vom Ursprung des Staates die scholastische Literatur zu der ihrigen machte.«[5] Die kaum zu überschätzende Bedeutung der hobbesschen Vertragslehre ist in diesem rechtsphilosophischen Kontext zu situieren.

Die Idee des politischen Vertrags als Legitimationsgrundlage staatlich-politischer Herrschaft bildet damit den innovativen rechtsphilosophischen Gehalt seiner Schrift *De Cive*, die 1642 zunächst anonym erschien, als Hobbes angesichts der Konflikte zwischen Parlament und König England bereits verlassen hatte und im Pariser Exil schnell Kontakte zu den führenden Intellektuellen der Zeit um Marin Mersenne und Samuel Sorbière geknüpft hatte. Diese Schrift wurde zunächst Descartes zugeschrieben. Schon bald war die erste Auflage vergriffen und 1647 konnte durch die Vermittlung von Sorbière eine überarbeitete Fassung in Amsterdam gedruckt werden. Der Erfolg von Hobbes' *De Cive* ließ ihn auf dem europäischen Kontinent weitaus bekannter werden als in seinem Heimatland.

Die Schrift korrespondiert inhaltlich in ihren ersten beiden Teilen mit der Lehre, die er bereits vorher in den *Elements of Law* entwickelt hat, wobei diese jedoch zunächst nur in Manuskriptform unter einigen Vertrauten zirkulierten. 1651 erschien in London zwar eine von Hobbes nicht autorisierte englische Übersetzung von *De Cive* (nachdem 1649 von Sorbière bereits eine französische erschienen war), aber im Grunde war es erst sein in englischer Sprache publizierter *Leviathan* (1651), mit dem er sich in England wirklich einen Namen machte. Konzeptionell fußt der *Leviathan* auf *De Cive* und den *Elements of Law*. Die eigentliche Rechtslehre ist in *De Cive* systematischer erarbeitet, da der *Leviathan* stärker auf die unmittelbare politische Situation in England Bezug nimmt und in seiner Ausrichtung wesentlich polemischer verfasst ist. Im *Leviathan* werden von Hobbes außerdem neue, weiterführende Argumente in die rechtsphilosophische Diskussion eingeführt, die es bis dahin in den früheren Schriften nicht gegeben hat. In diesen drei Schriften hat Hobbes seine eigentliche politische Philosophie erarbeitet und weiterentwickelt, sodass man sich mit gutem Grund auf diese Texte zu konzentrieren hat.[6]

Der klare Aufbau von *De Cive* offenbart die Struktur von Hobbes' Argumentationsführung am sinnfälligsten: Die Gliederung in die drei Teile *Freiheit*, *Herrschaft* und *Religion* (Libertas, Imperium und Religio) macht unmissverständlich deutlich, dass die eigentliche Rechtsphilosophie in den ersten beiden Teilen entwickelt wird, die das Verhältnis von Freiheit und Herrschaft erörtern. Der dritte Teil, der sich mit der Religion befasst, »ist ohne systematische Notwendigkeit, und er steht nicht, wie die beiden ersten Teile von ›De Cive‹ über ›Freiheit‹ und ›Staatsgewalt‹ miteinander, mit diesen in einem strikten systematischen Zusammenhang«[7].

Hobbes kommt ohne den Rückgriff auf Gott als Begründungsinstanz für den Verbindlichkeitscharakter seiner Rechtslehre aus.[8] Damit ist aber nicht gesagt, dass er sich nicht auch den theologisch-politischen Argumenten seiner Zeit stellt. Im Gegenteil, um eine säkulare Rechtslehre zu begründen, ist es ihm ein überaus wichtiges Anliegen, der Religion innerhalb seines politischen Entwurfs einen Platz zuzuweisen, der seine Souveränitäts- und Staatslehre nicht nur nicht infrage stellt, sondern sogar abstützt. Es wird sich dabei erweisen, dass diese Argumente der politischen Theologie nicht nur den politischen und historischen Gegebenheiten seiner Zeit geschuldet sind.

Der eindeutige Ausgangspunkt seiner Philosophie ist die Lehre vom Naturzustand, die in unmittelbarem begründungstheoretischem Zusammenhang mit seiner Staatslehre steht und die er in den ersten vier Kapiteln, die als erster Teil unter dem Titel *Libertas* zusammengefasst sind, entwickelt. Was genau ist nun der hobbessche Naturzustand? Es ist der Zustand, in dem die Menschen sich vor der Gründung einer *Civitas* und damit einer geltenden Rechtsordnung befinden. Im zweiten Teil folgen dann die eigentliche Staatslehre und die dort erarbeitete Etablierung der staatlichen Herrschaft (Imperium) als Rechtssicherungsinstanz. Hobbes' Ausführungen zum Naturzustand kann man als eine Beschreibung der menschlichen Natur lesen, aber vor allem auch als eine rechtstheoretische Begründung, die seiner Souveränitätslehre vorangeht.

Obwohl Hobbes auf dieser spezifisch rechtsphilosophischen Reflexionsebene argumentiert, bezieht er sich auch immer wieder auf empirische Erfahrungen, wie zum Beispiel auf die Indianer in der neuen Welt. Das Frontispiz von *De Cive* charakterisiert die wilde Freiheit ikonografisch, indem dort Indianer abgebildet werden. Das Pendant bildet die Ordnung, verkörpert in der – dank Ackerbau und Handel wohlhabenden – staatlich verfassten Gesellschaft. In der Überlegenheit der eigenen Zivilisation sieht er den Nachweis erbracht, dass der Naturzustand ein Übel ist, dem man durch die Staatsgründung zu entgehen hat. Diese rein am Nutzen orientierten Aspekte machen aber nur einen Teil der hobbesschen Überlegungen aus. Die Staatsgründung ist bei Hobbes nicht lediglich das Ergebnis einer subjektiven klugen Kosten-Nutzen-Bilanz.[9] Genau in dieser Verschränkung der Erörterung von vernunfttheoretischer und empirischer Argumentation liegt ein wesentlicher Grund für die bis heute anhaltende widersprüchliche Interpretation von Hobbes' Lehre.

Im Widmungsschreiben in *De Cive* gibt es eine Stelle, die gern, aber sinnentstellend zitiert wird: »Homo homini lupus«, der Mensch ist dem Menschen ein Wolf. Deutlich wird hier vor allem, wozu eine Verkürzung der hobbesschen Aussagen führt. Das Zitat lautet im Kontext: »Nun sind sicher beide Sätze wahr: Der Mensch ist ein Gott für den Menschen und: Der Mensch ist ein Wolf für den Menschen; jener, wenn man die Bürger untereinander, dieser, wenn man die Staaten untereinander vergleicht.« (Vom Bürger, 59) Ganz eindeutig bezieht Hobbes erstens den Satz, dass der Mensch für den Menschen ein Wolf sei, nicht auf das Verhältnis der Menschen untereinander, sondern auf das Verhältnis von Staaten zueinander, die sich, so legt es diese Stelle nahe, in ständiger gegenseitiger Bedrohung befinden. Ganz anders aber verhalten sich zweitens die Menschen zueinander, wenn sie Bürger sind, also den Naturzustand bereits verlassen haben und in der Rechtsordnung eines Staates leben. In diesem nähert sich der Mensch zum Wohl seiner Mitmenschen »durch Gerechtigkeit und Liebe« (Vom Bürger, 59) einem gottähnlichen Zustand.

Die immer wiederkehrende Behauptung, Hobbes habe den Naturzustand als Kriegszustand charakterisiert, weil die Natur des Menschen wolfsartig und böse sei, bezieht sich stets auch auf diese Textstelle. Aber Hobbes stellt, um den Missverständnissen und der Kritik nach der ersten Auflage zu begegnen, im Vorwort der zweiten Auflage von *De Cive* ausdrücklich fest, dass »man anerkennen [muss], daß die Menschen von Natur Begierde, Furcht und Zorn und andere tierische Leidenschaften haben können, ohne deshalb von Natur böse erschaffen zu sein« (Vom Bürger, 69).

Ebenfalls im Vorwort an die Leser teilt Hobbes fast beiläufig mit, dass »der Zustand der Menschen außerhalb der bürgerlichen Gesellschaft (den ich den Naturzustand zu nennen mir erlaube) nur der Krieg aller gegen alle ist, und daß in diesem Kriege alle ein Recht auf alles haben« (Vom Bürger, 69). Damit antizipiert Hobbes in einer klar und prägnant gezeichneten Skizze die wesentlichen Inhalte des von ihm entwickelten Naturzustands und das, worum es ihm wirklich geht: eine schlüssige Begründung für die Notwendigkeit der staatlichen Herrschaft zu liefern. Das individuelle Recht eines jeden auf Selbsterhaltung ist der fundamentale Ausgangspunkt seiner Philosophie. Hobbes leugnet nicht, dass es vor der staatlich verfassten Gesellschaft bereits menschliche Gemeinschaften gegeben hat. Es gehört, so Hobbes, zur Natur des Menschen, die Gemeinschaft seiner Mitmenschen zu suchen. Dies sind aber lediglich zufällige Zusammenkünfte, in denen es keine wirkliche Sicherheit, auch keine Rechtssicherheit, geben kann. Dagegen sind für ihn »die bürgerlichen Gesellschaften nicht bloße Zusammenkünfte, sondern Bündnisse, zu deren Abschluß Treue und Verträge notwendig sind« (Vom Bürger, 76). Hobbes bestreitet also nicht, dass der Mensch ein zur Gemeinschaft neigendes Wesen ist. Wogegen er sich jedoch ausdrücklich wendet, ist die Vorstellung, dass der Mensch auch von Natur aus ein zur Bildung staatlicher Gemeinschaften neigendes Wesen im Sinne der aristotelischen Lehre sei. Auch für Hobbes ist das Leben in Gemeinschaft mit anderen Menschen eine biologische und kulturelle Notwendigkeit. Die naturgegebene Bildung eines Staates resultiert für ihn daraus aber nicht.

Hobbes zufolge sind die Menschen insofern als gleich zu betrachten, als potenziell jeder Mensch den anderen töten kann und somit jeder Mensch für jeden anderen – potenziell – die gleiche Gefahr darstellt, da auch der Stärkste durch den Schwächsten zu Schaden kommen kann. Dieses gleiche Gefährdungspotenzial ist zunächst offensichtlich der alleinige Grund für die Annahme der Gleichheit der Menschen. Dass jeder Mensch den Willen zu schaden (*voluntas laedendi*) habe, scheint erneut auf die viel zitierte Bösartigkeit des Menschen hinzudeuten. Hobbes erklärt aber schlüssig, dass jeder Mensch im Naturzustand als einem rechtlosen Zustand zwangsläufig sich die *voluntas laedendi* zu eigen machen müsse. Zunächst hält er fest, dieser Wille könne aus verschiedenen Ursachen entspringen und sei daher nicht immer gleich tadelnswert. Jeder Mensch müsse nämlich zwangsläufig anderen schaden wollen, um in dem Zustand gegenseitiger Furcht seine eigenen Interessen zu vertreten. Die *voluntas laedendi* entspringt somit bei einem nicht vorsätzlich aggressiven Menschen »aus der Notwendigkeit, seinen Besitz und seine Freiheit gegen den anderen zu verteidigen« (Vom Bürger, 80). Dies bedeutet, dass nicht eine irgendwie bösartige Natur des Menschen den Naturzustand als unfriedlichen und unsicheren Zustand bestimmt, sondern dass vielmehr umgekehrt aufgrund der Rechtlosigkeit dieses Zustands die Menschen gar nicht anders können, als den anderen potenziell schaden zu wollen.

Obwohl Hobbes im Folgenden ausführt, die Menschen gerieten miteinander am häufigsten in Konflikt, wenn derselbe Gegenstand zugleich von mehreren begehrt werde, dieser aber weder geteilt noch gemeinsam genutzt werden könne (vgl. Vom Bürger, 81), ist die Interpretation, dass eine Güterknappheit oder die modernen Marktgesetze diesen Konflikt begründet hätten, irreführend.[10] Denn auch die Annahme einer ausreichenden Gütermenge würde am strukturellen Problem des unentscheidbaren Streits im Naturzustand über beliebige Ansprüche oder Gegenstände nichts ändern. Die von Hobbes weiterentwickelte Argumentation belegt dies eindeutig. Es sei bei der potenziell gefährlichen Konfliktlage des Naturzustands nur konsequent, wenn der Mensch dieser entgehen will, und »daher ist die erste Grundlage des natürlichen Rechts, daß jeder sein Leben und seine Glieder nach Möglichkeit zu schützen versucht« (Vom Bürger, 81). Wie die korrespondierende Stelle im *Leviathan* (99) verdeutlicht, ist das

Fundament des natürlichen Rechts die Erlaubnis, die für jeden weiteren Gebrauch der Freiheit notwendige Selbsterhaltung zu verfolgen. Das natürliche Recht der Selbsterhaltung ist jedem Individuum eigen, aber wie Hobbes im Folgenden erörtern wird, bedeutet die Tatsache, dass jedem einzelnen Menschen dieses Recht zusteht, zugleich auch, dass dieser individuelle Rechtsanspruch das Verhältnis der Menschen untereinander bestimmt.

Zunächst sei es logisch zwingend, dass – da das Recht auf einen Zweck ohne die zu dessen Erlangung erforderlichen Mittel unbedeutend bleibt – aus dem Selbsterhaltungsrecht auch das Recht folgt, »alle Mittel zu gebrauchen und alle Handlungen zu tun, ohne die er [der Mensch] sich nicht erhalten kann« (Vom Bürger, 81). Die Entscheidung über den Gebrauch der Mittel kommt notwendigerweise ebenfalls dem Einzelnen zu, denn durch das Naturrecht hat nicht nur jeder ein Recht auf Selbsterhaltung und demzufolge auch auf die dazu erforderlichen Mittel, sondern jeder ist zugleich auch Richter über die Mittel zu seiner Erhaltung. In diesem Axiom, dass jeder Richter in eigener Sache ist (*ipse iudex*), ist die Besonderheit des hobbesschen Naturzustands entwickelt, dessen Konsequenzen Hobbes im Folgenden weiter darstellt.

Festzuhalten bleibt bis hierhin, dass der Mensch im Naturzustand keine zufriedenstellende Sicherheit erlangen kann und deswegen jeder Mensch darauf bedacht sein muss, sich selbst zu schützen. Dies liegt an der durch den Naturzustand charakterisierten Situation, in der sich alle Menschen vor dem Zusammenschluss in einem rechtlich verfassten Staat befinden. Der Gebrauch aller notwendigen Mittel zur Selbsterhaltung steht dem Individuum aufgrund des Naturrechts im Sinne einer Erlaubnis zu und der Einzelne ist Richter über deren zweckmäßigen Gebrauch.

Diese Erkenntnis, auf die Hobbes die gedankliche Entwicklung des Naturzustands hinführt, besticht durch ihre schlichte Konsequenz. Denn nun hat Hobbes in seiner Argumentation den Punkt erreicht, an dem er mit guten Gründen behaupten kann, die Natur habe »jedem ein Recht auf alles gegeben« (Vom Bürger, 82, vgl. so auch bereits in den *Elements of Law*: Naturrecht, 98f.). Die rechtsphilosophische Leistung besteht nun in der Erarbeitung der hieraus resultierenden Rechtsantinomie, die Hobbes prägnant vorstellt: »Es brachte den Menschen durchaus keinen Nutzen, in dieser Weise ein gemeinsames Recht auf alles zu haben. Denn die Wirkung eines solchen Rechts ist so ziemlich dieselbe, als wenn überhaupt kein Recht bestände. Wenn auch jeder von jeder Sache sagen konnte: diese ist mein, so konnte er doch seines Nachbars wegen sie nicht genießen, da dieser mit gleichem Rechte und mit gleicher Macht behauptete, daß sie sein sei.« (Vom Bürger, 83)

Der Mensch ist - das wird hier deutlich - aufgrund dieses strukturellen Konflikts über den Gebrauch der je subjektiven Rechte im Naturzustand nicht in der Lage, Frieden zu halten. Das Recht eines jeden auf Selbsterhaltung hebt letztlich jedes Recht auf, da potenziell der eine mit Recht angreift und der andere mit Recht Widerstand leistet. Dieser im Naturzustand unaufhebbare Konflikt widerstreitender Rechte führt Hobbes zu der Schlussfolgerung, dass »der natürliche Zustand der Menschen, bevor sie zur [staatlich verfassten] Gesellschaft zusammentraten, der Krieg gewesen ist, und zwar nicht der Krieg schlechthin, sondern der Krieg aller gegen alle« (Vom Bürger, 83). Der Naturzustand wird hier erstmals in der Geschichte der politischen Philosophie nicht als ein Zustand aufgefasst, in dem die Menschen unter irgendwelchen vorpositiven naturrechtlichen Rechtsnormen dennoch friedlich miteinander lebten, sondern als das strukturelle und prinzipielle Nichtvorhandensein eines gesicherten Rechtsfriedens.

Hobbes zieht daraus - zunächst implizit - die erwartete und notwendige Konsequenz seiner Argumentation: Wer meine, man wäre »am besten in dem Zustand geblieben (...), wo allen alles erlaubt war, der widerspricht sich selbst; denn jeder verlangt aus natürlicher Notwendigkeit nach dem für ihn

Guten, und niemand wird einen solchen Krieg aller gegen alle, welcher diesem Zustande natürlicherweise anhaftet, als etwas für ihn Gutes ansehen« (Vom Bürger, 84). Der Mensch muss bestrebt sein, diesen Zustand zu verlassen, da er im Naturzustand »wegen jener Gleichheit der Kräfte und der anderen menschlichen Vermögen nicht erwarten [kann], sich lange zu erhalten« (Vom Bürger, 85).

In diesen ersten fünfzehn Abschnitten des 1. Kapitels von *De Cive* hat Hobbes also bereits die strukturelle Konfliktsituation des Naturzustands dargestellt und zumindest angedeutet, dass die Menschen gehalten sind, diese konfliktuelle Lebenssituation zu vermeiden. Der Naturzustand beschreibt damit das diesem Zustand inhärente Konfliktszenario. Zugleich erlaubt der Naturzustand Hobbes damit einhergehend auch bereits auf die Motivation für die Menschen, sich einer staatlichen Herrschaft zu unterwerfen, einzugehen.

Im Weiteren wendet sich Hobbes nun aber nicht direkt der eigentlichen Staatslehre zu, sondern erörtert die Bedingungen, unter denen es zur Staatsgründung kommen kann. Er untersucht daher neben den Gründen und Motiven, die das Verlassen des Naturzustands gebieten, auch die Bedingungen, unter denen dies vollzogen werden kann. Angesichts der strukturellen Unsicherheit des Naturzustands schließt Hobbes nun das erste Kapitel mit der Feststellung: »Deshalb ist ein Gebot der rechten Vernunft, den Frieden zu suchen, sobald eine Hoffnung auf denselben sich zeigt, und solange er nicht zu haben ist, sich nach Hilfe für den Krieg umzusehen. Dies ist ein Gebot der Natur.« (Vom Bürger, 85) Hobbes macht also einen wichtigen Unterschied zwischen der Motivation für einen herrschaftsbegründenden Vertragsschluss – den Naturzustand zu verlassen – und den Bedingungen, unter denen Verträge auch bereits im Naturzustand überhaupt gültig sein können. Bezieht man diesen wichtigen Unterschied nicht mit in die Überlegungen ein, dann ergibt sich das Problem, inwiefern dieser Vertrag, der erst den Staat begründen soll, unter den Bedingungen des Naturzustands gültig sein kann. Hobbes löst dieses Problem mit der Unterscheidung zwischen diesen zwei unterschiedlichen Aspekten hinsichtlich des Vertrags. Vor allem die englischsprachige Hobbesforschung, die sich auf Varianten der Spieltheorie stützt, hat damit eine zwar interessante, letztlich von Hobbes' eigenen Fragen und Problemstellungen aber wegführende umfangreiche Diskussion hervorgebracht, auf die ich im Weiteren nur kurz eingehen werde.[11]

Hobbes bestimmt nun seinerseits den formalen Gehalt des natürlichen Gesetzes als ein »Gebot der rechten Vernunft hinsichtlich dessen, was zu einer möglichst langen Erhaltung des Lebens und der Glieder zu tun und zu lassen ist« (Vom Bürger, 86f.). In der zweiten Auflage erachtet er es für notwendig, die fundamentale Bedeutung der rechten Vernunft (*recta ratio*) in einer längeren Anmerkung genauer zu erläutern, die er eindeutig auf den Kontext des Naturzustands beschränkt. Da im Naturzustand jeder Mensch Richter in eigener Sache ist, muss zwangsläufig auch jeder für sich über den Gebrauch und Gehalt dieser rechten Vernunft entscheiden. Voraussetzung dafür, dass diese Vernunft dann auch wirklich »wahr« ist, ist jedoch nicht mehr das Urteil des Einzelnen. Dies bestimmt sich vielmehr aus der korrekten methodischen Anwendung von Vernunftschlüssen. »Wahr nenne ich die Schlußfolgerung, wenn sie aus wahren, richtig geordneten Grundsätzen schließt.« (Vom Bürger, 87) Der Grund für die vermeintlich zirkulare Argumentation muss darin gesehen werden, dass im Naturzustand das Recht des Urteils darüber, ob die Bedingung erfüllt wird, dass nach wahren und geordneten Grundsätzen geschlossen worden ist, wieder nur dem Einzelnen zukommen kann. Zwischen der Erkenntnisgültigkeit der rechten Vernunft im Sinne wahrer Vernunftschlüsse und der objektiven Rechtsverbindlichkeit der Gebote der rechten Vernunft im Naturzustand ist allerdings zu unterscheiden, wenn man die theoretische Möglichkeit wahrer Vernunftschlüsse im Naturzustand weiterhin für gegeben halten will. Eine vollständige objektive Geltung als Entscheidungsinstanz kann der rechten Vernunft nicht zukommen, da jeder für sich selbst urteilen muss und die je individuellen Urteile damit im Naturzustand nicht über diese subjektive Schwelle hinausreichen können. Jeder bleibt notwendig im Naturzustand Richter in eigener Sache, was auch als das *ipse-iudex*-Prinzip bezeichnet wird.

Von dem grundlegenden Gebot der rechten Vernunft, den Frieden zu suchen - das im Naturzustand insofern verbindlich ist, als jeder vernunftbegabte Mensch erkennen muss, dass die rechte Vernunft eben dieses gebietet, da er sich selbst und der Möglichkeit seiner Selbsterhaltung sonst prinzipiell widersprechen würde -, leitet Hobbes nun alle weiteren natürlichen Gesetze ab. Über den Geltungsgrund dieser natürlichen Gesetze als rechtsverbindliche Gebote ist in der einschlägigen Hobbesforschung kontrovers debattiert worden.[12] Unstrittig ist aber, dass ihre objektive Geltung im Sinne wahrer Vernunftschlüsse gegeben ist. Ihre tatsächliche Aktualisierung und Anerkennung bleibt hingegen nach wie vor der Subjektivität des Einzelnen unterworfen. Rechtsverbindlichkeit im Sinne positiver staatlicher Rechtsnormen kann den natürlichen Gesetzen daher nicht zukommen. Es zeigt sich hier ausgehend vom Begriff der natürlichen Gesetze »die rechtliche Problematik einer bloß naturgesetzlichen Normierung unter vorstaatlichen Bedingungen und die aus ihr hervorgehende Notwendigkeit der Positivierung dieser Normen durch Gründung des staatlichen Zustands«[13].

Der Mensch als vernunftbegabtes Wesen ist zunächst an seiner Selbsterhaltung interessiert, und ihm kommt im Naturzustand das Recht zu, alle Mittel, die er für seine Selbsterhaltung für notwendig erachtet, zu nutzen. Diese vernunftrechtliche Handlungsbefugnis bestimmt den Menschen als frei handelndes, individuelles Rechtssubjekt, dem daher ein Recht auf alles, was zur Selbsterhaltung notwendig ist, zukommt. Das besondere Verdienst der hobbesschen Rechtstheorie ist in der Akzentuierung dieser Fähigkeit vernünftiger Selbstbestimmung und nicht in der Bindung des Naturrechtsbegriffs an das Streben nach Selbsterhaltung zu sehen.

Der Mensch ist frei, in vernünftiger Selbstbestimmung die Bedingungen zur Sicherung dieses Rechts selbst zu schaffen. Diese Freiheit auch tatsächlich zu nutzen, gebietet die rechte Vernunft, sodass Hobbes mit Recht sagen konnte, dass das erste und grundlegende Gesetz der Natur es gebiete, den Frieden zu suchen. Nur wo Frieden im Sinne der Rechtssicherheit herrscht, lassen sich die menschlichen Verhältnisse für alle akzeptabel und ohne inhärente ständige Bedrohung gestalten. Wo dies nicht gegeben ist, herrscht hingegen ein Zustand ständiger Bedrohung.

Der so charakterisierte Frieden ist für Hobbes nur durch einen Willensakt und Übereinkunft zu stiften. Dies bedeutet nicht, dass dieser Friedenszustand ein konfliktloser, geradezu paradiesischer Zustand wäre, sondern dass (Rechts-) Konflikte in einer vorgegebenen Ordnung ausgetragen und entschieden werden können. Damit zeigt Hobbes, dass der Frieden im Sinne eines Rechtsfriedens die fundamentale Bedingung für ein gesichertes und erträgliches Leben der Menschen ist. Im *Leviathan* beschreibt er – eindringlicher noch als in *De Cive* –, was es bedeuten würde, wenn die Menschen diesen Frieden nicht etablieren:

»Daraus ergibt sich klar, daß die Menschen während der Zeit, in der sie ohne eine allgemeine, sie alle im Zaum haltende Macht leben, sich in einem Zustand befinden, der Krieg genannt wird, und zwar in einem Krieg eines jeden gegen jeden. Denn (...) das Wesen des Krieges [besteht] nicht in tatsächlichen Kampfhandlungen, sondern in der bekannten Bereitschaft dazu während der ganzen Zeit, in der man sich des Gegenteils nicht sicher sein kann. Jede andere Zeit ist Frieden. Deshalb trifft alles, was Kriegszeiten mit sich bringen, auch auf die Zeit zu, während der die Menschen keine andere Sicherheit als diejenige haben, die ihnen ihre eigene Stärke und Erfindungskraft bieten. In einer solchen Lage ist für Fleiß kein Raum, da man sich seiner Früchte nicht sicher sein kann; und folglich gibt es keinen Ackerbau, keine Schifffahrt, keine Waren, die auf dem Seeweg eingeführt werden können, keine bequemen Gebäude, (...) keine Künste, keine Literatur, keine gesellschaftlichen Beziehungen, und es herrscht, was das Schlimmste von allem ist, beständige Furcht und Gefahr eines gewaltsamen Todes – das menschliche Leben ist einsam, armselig, ekelhaft, tierisch und kurz.« (Leviathan, 96)

Oberstes Ziel von Hobbes' politischer Philosophie ist es daher, die Notwendigkeit, Frieden zu stiften, nachzuweisen. Die von Hobbes im Folgenden entwickelten natürlichen Gesetze, die von dem grundlegenden Gebot, den Frieden zu suchen, abgeleitet sind, beschreiben den Weg zur Erlangung dieses Ziels.

Ein in seiner rechtsphilosophischen Bedeutung nicht zu unterschätzendes natürliches Gesetz besteht nach Hobbes in der Forderung, nicht das Recht aller auf alles beizubehalten, sondern einzelne Rechte zu übertragen oder aufzugeben. Dieser für die Stiftung eines friedlichen Zustands notwendige Rechtsverzicht bedeutet keine umfassende Aufgabe des individuellen Rechts; es genügt ein begrenzter Verzicht. Wie weit dieser zu gehen hat und wo Hobbes die entscheidenden Grenzen zu ziehen versucht, wird von ihm hier noch nicht thematisiert und offenbart sich erst im Zusammenhang seiner Staatslehre beziehungsweise seiner Souveränitätskonzeption. Hobbes behauptet nun, nach den von ihm entwickelten Prämissen durchaus schlüssig, es gebe zwei Möglichkeiten, von seinem Recht abzugehen. Zum einen könne dies durch eine allgemeine Erklärung geschehen, wodurch der Einzelne sein Recht schlicht insofern einschränken würde, als er zu erkennen gebe, dass es ihm nicht länger erlaubt sein solle, etwas zu tun, was er bisher mit Recht tun konnte. Zum anderen könne man von seinem Recht abgehen, indem man dieses auf einen anderen übertrage. Eine Übertragung des Rechts besteht für Hobbes nur darin, dass »man nicht Widerstand leiste« (Vom Bürger, 88). Denn derjenige, auf den das Recht übertragen werde, habe schon vor dieser Rechtsübertragung das »Recht auf alles« (*ius in omnia*) besessen, sodass er kein weiteres Recht durch eine Übertragung erhalten könne. Einzig der erklärte Verzicht darauf, ihn bei der Wahrnehmung seines Rechtes einzuschränken, also auf das Recht zum Widerstand, bewirkt die Veränderung. So könne er nun frei und ohne Einschränkung durch den anderen von seinem Recht Gebrauch machen.

Der strukturelle Rechtskonflikt des Naturzustands wird somit durch einen Rechtsverzicht und nicht durch eine Rechtsübertragung aufgehoben, da offensichtlich keinem, der bereits ein »Recht auf alles« besitzt, noch ein darüber hinausgehendes Recht verliehen werden kann. Dieses – bisher zweiseitig gedachte – Übereinkommen reicht aber noch nicht aus, um die strukturelle Rechtsantinomie des Naturzustands insgesamt aufzuheben. Denn demjenigen, dem von einem anderen erklärt worden ist, dass dieser zukünftig von seinem Recht, den Ersten in seinem ebenfalls rechtmäßigen Nutzen einzuschränken, keinen Gebrauch mehr machen will, wird mit dieser Willenserklärung noch nicht viel geholfen. Denn alle anderen Menschen neben diesem einen, der den Rechtsverzicht geleistet hat, sind hier noch nicht mit berücksichtigt. Da all diese Menschen noch nicht auf das Recht auf Widerstand verzichtet haben, bleibt die potenzielle Konfliktstruktur also erhalten und kann durch einzelne Rechtsverzichtserklärungen nicht aufgehoben werden. Im Gegenteil scheint es vielmehr so zu sein, dass diejenigen, die einen Rechtsverzicht erklären, dies im Grunde nur dann tun können, wenn sie davon ausgehen können, dass sich alle anderen zu ihrem gemeinsamen Vorteil genauso verhalten, um so Frieden zu stiften. Dies scheint das klassische Gefangenendilemma der Spieltheorie zu sein, weswegen der hobbessche Naturzustand auch als solches interpretiert wird.[14]

Da es offensichtlich nicht ausreicht, dass ein Einzelner zugunsten eines anderen auf sein Recht verzichtet, um den strukturellen Konflikt des Naturzustands aufzulösen, müssen die Menschen als Gesamtheit auf ihr »Recht auf alles«

verzichten. Dies geschieht durch eine eindeutige Willenserklärung aller Beteiligten. Indem er hier auf den Willen abhebt, betont Hobbes den freiwilligen Charakter dieses Rechtsverzichts. Der Mensch wird als frei gedacht, auf sein Recht zugunsten eines anderen zu verzichten. Geboten wird dies zwar durch die rechte Vernunft, aber der Mensch kann nicht, wie später bei Rousseau[15], zu seiner Freiheit gezwungen werden. Die Verpflichtung, die die Menschen durch ihre geäußerte Willenserklärung eingehen, kann daher nur eine Selbstverpflichtung sein. Patrick Riley hat in seiner wichtigen Studie die Bedeutung der Willenserklärung für die Zustimmung, aus der allein legitime Herrschaft resultieren könne, in den Vordergrund seiner Untersuchung gestellt.[16] Der Wille selbst ist dabei für Hobbes nicht frei, dieser ist für ihn vielmehr bestimmt durch die Eindrücke, die der Mensch erfährt. Der Mensch reagiert auf diesen von außen auf ihn einwirkenden Reiz. Aber er ist in der Lage, zu überlegen, wie er reagieren möchte und welche Konsequenzen sich daraus ergeben. Dieses Vermögen erlaubt es Hobbes, davon auszugehen, dass Handlungen freiwillig begangen werden. Der Furcht oder dem Begehren kommt dabei ein motivierender Faktor zu, doch wie wir auf diese Motivation reagieren, ist unserer freien Entscheidung überlassen. Insofern können den Menschen ihre Handlungen als freiwillige Willensäußerungen zugeschrieben werden.

Wenn Hobbes behauptet, dass »Furcht und Freiheit (...) vereinbar« sind (Leviathan, 163), dann ist das auch erneut eine deutliche Kritik an Aristoteles, wie an dem von Hobbes gebrauchten Beispiel zur Bekräftigung seiner Position sofort einsichtig wird: »Wenn z. B. jemand aus *Furcht*, das Schiff könne sinken, seine Ladung ins Meer wirft, so tut er dies dennoch mit vollem Willen und kann es auch unterlassen, wenn er will - deshalb ist dies die Handlung eines *Freien.*« (Leviathan, 163 f.) Trotz der deterministischen Position Hobbes', die den Willen als von außen bestimmt und damit als nicht frei begreift, da der Wille immer einer ihm vorausgehenden Ursache entspringt, ist es ihm dennoch möglich, Handlungen als freiwillig und bewusst getätigt aufzufassen und entsprechend ihrem Autor zuzuordnen. So kann dann auch Verantwortung zugeschrieben werden, weil eben willentliche Handlungen vorlagen, die der Mensch bewusst in Abwägung mit anderen Alternativen vollzogen hat. Der Rechtsverzicht wird nun von Hobbes analog zu diesen Überlegungen gedeutet, denn »immer wenn jemand sein Recht überträgt oder darauf verzichtet, so tut er dies entweder in der Erwägung, daß im Gegenzug ein Recht auf ihn übertragen werde, oder weil er dadurch ein anderes Gut zu erlangen hofft. Denn es handelt sich um eine willentliche Handlung, und Gegenstand der willentlichen Handlungen jedes Menschen ist ein *Gut für ihn selbst.*« (Leviathan, 101)

Aber die Einlösung dessen, wozu sich der Mensch verpflichtet hat, kann im Naturzustand nicht eingeklagt werden. Daher sind »Verträge auf gegenseitiges Vertrauen (...) im Naturzustand ohne Nutzen und Wirkung, nicht so im Staat« (Vom Bürger, 102). Dies bedeutet nun jedoch nicht, dass alle Verträge im Naturzustand ohne Nutzen und Wirkung sind. Diejenigen, die von beiden Seiten unverzüglich erfüllt werden, bedürfen der weiteren Absicherung durch den Souverän zum Beispiel nicht, da ja beide Seite unmittelbar erhalten, was sie vereinbart haben. Sie sind mithin nicht darauf angewiesen, der anderen Seite des Vertrags Vertrauen zu schenken, also darauf zu hoffen, dass ein Wort gehalten und in der Zukunft eingelöst werde. Howard Warrender macht darauf aufmerksam, dass der Naturzustand nicht dadurch gekennzeichnet sei, dass es dort keine Verpflichtungen gebe, sondern dass viele der bestehenden Verpflichtungen sinnvollerweise nicht wirksam sein können, da ihnen die Sicherheit, die durch den Staat erst garantiert wird, fehle. Die Rolle des Souveräns sei es deswegen auch nicht, bislang ungültige Verträge als gültig zu erklären, sondern Bedingungen zu schaffen, die die begründete Furcht vor Vertragsbruch ausräumen.[17]

Nun räumt Hobbes allerdings ein, dass die Selbstverpflichtung dort an ihre Grenzen stoßen müsse, wo der Einzelne sich in seiner Existenz bedroht sehe. Hobbes vermag seine Analyse und seine Begründungen nicht vom Selbsterhaltungsgebot zu lösen. Das Selbsterhaltungsgebot und aus diesem folgend das Widerstandsrecht sind jedoch begründungstheoretisch nicht mit der hobbesschen Souveränitätslehre vereinbar. Diese Unvereinbarkeit resultiert aus den Prämissen, die er in den ersten zwei Kapiteln von *De Cive* beziehungsweise im 14. Kapitel des *Leviathans* erarbeitet hat. Die Grenze des Rechtsverzichts wird eindeutig durch das Gebot der Selbsterhaltung gezogen, da »Motiv und Zweck, um derentwillen Rechtsverzicht und Rechtsübertragung eingeführt worden sind, nichts anderes als die Sicherheit der Person« (Leviathan, 101 f.) zum Ziel haben.

Andererseits hat Hobbes bereits hier grundlegende Aspekte der modernen Rechtslehre (wie zum Beispiel das Zeugnisverweigerungsrecht) antizipiert, die der psychischen Komplexität des Menschen Rechnung zu tragen versucht. Das Gebot der Selbsterhaltung bezeichnet in der Tat die Grenze, über die hinaus man eine (Selbst-)Verpflichtung des Menschen vernünftigerweise nicht erwarten kann. Es ist deswegen mit der Begründung der Souveränitätslehre zwar unvereinbar, scheint aber dennoch mit dem typischen menschlichen Verhalten zu korrespondieren, wenn Hobbes feststellt, »von zwei Übeln das kleinere nicht zu wählen, ist unmöglich; ein solcher Vertrag würde also zu etwas Unmöglichem verpflichten, was der Natur der Verträge widerstreitet« (Vom Bürger, 95). Da nun der sichere Tod ein größeres Übel als der Kampf ist, wird man nicht erwarten können, dass jemand sich durch Vertrag völlig und vorbehaltlos der Disposition eines anderen unterwirft. Er kann, sobald seine eigene Selbsterhaltung betroffen ist, wieder in den Naturzustand eintreten und das dort herrschende Recht des Krieges für sich in Anspruch nehmen. Mit diesem Rückfall in den Naturzustand bleibt die Möglichkeit, Widerstand zu leisten, wenn das eigene Leben bedroht ist, bestehen. Die grundsätzliche Annahme, dass es der Natur eines Vertrags widerspreche, sich zu etwas zu verpflichten, was dem Gebot der Selbsterhaltung entgegensteht, gilt dann konsequenterweise auch für den im zweiten Teil von *De Cive* erörterten Vertrag zur Begründung des Staates. Die Frage nach dem Widerstandsrecht im Staat scheint damit im Grunde bereits hier antizipierend entschieden zu sein, da Hobbes, will er die Konsistenz seiner Argumentation wahren, gar nicht mehr anders kann, als ein Widerstandsrecht des Einzelnen im Staat - auch gegenüber dem Souverän - anzunehmen.

Am Ende des zweiten Kapitels von Teil eins geht Hobbes noch auf die Bedeutung des Eides ein. Dem Aufbau des gesamten Buches folgend, in dem die Religion erst zum Schluss thematisiert wird, quasi als Anhang zur übrigen Beweisführung, weist Hobbes bereits hier nach, dass dem Eid keine rechtlich bindende Funktion zukommt. Der Eid ist lediglich die »einem Versprechen hinzugefügte Rede, durch welche der Versprechende erklärt, daß er, wenn er nicht Wort halte, auf die Barmherzigkeit Gottes verzichte« (Vom Bürger, 96). Ein Eid fügt daher dem bloßen Vertrag keine weitere rechtsverbindliche objektive Bindung hinzu, »denn der Vertrag ist es, welcher uns bindet, während der Eid sich auf die göttliche Strafe bezieht, die man nicht sinnvoll herausfordern könnte, wenn die Verletzung des Vertrages nicht an sich unerlaubt wäre; das wäre nicht der Fall, wenn nicht schon der Vertrag bände« (Vom Bürger, 97). Ähnlich wie im dritten Teil über die Religion kommt einem Eid demnach lediglich eine subjektive, nicht aber notwendige Qualität bei der Rechtsverbindlichkeit von Verträgen zu. Das heißt in aller Radikalität: Der Bezug auf Gott fügt der Gültigkeit von Verträgen keine zusätzliche, stärker verpflichtende Rechtsverbindlichkeit zu.

Die Tatsache, dass Hobbes das dritte Kapitel »Von den übrigen natürlichen Gesetzen« überschrieben hat, weist diesen den Stellenwert ihrer Begründungsfunktion zu. Hobbes hat gezeigt, dass das erste und grundlegende Gesetz es gebietet, den Frieden zu suchen. Das erste hiervon abgeleitete Gesetz der Natur fordert, Verzicht auf das »Recht auf alles« (*ius in omnia*) zu leisten und einzelne Rechte aufzugeben oder zu übertragen. Die weiteren natürlichen Gesetze leiten sich nun ebenfalls aus dem grundlegenden Gebot, den Frieden zu suchen, ab. Da Hobbes die Übertragung von Rechten durch Verträge etabliert hat, ist es konsequenterweise geboten, dass sie auch eingehalten werden, um nicht nutzlos zu sein.

Da im Naturzustand jeder ein »Recht auf alles« hatte, konnte es kein Unrecht geben; schließlich konnte jeder mit Recht alles für sich beanspruchen. Es liegt im Eigeninteresse des Menschen, diese juridische Widersprüchlichkeit durch vertragliche Rechtsübertragung aufzulösen. »Hieraus folgt, daß ein Unrecht nur gegen den begangen werden kann, mit dem man einen Vertrag eingegangen ist oder dem man etwas geschenkt hat oder dem man durch Vertrag etwas versprochen hat.« (Vom Bürger, 99) Vertragsbruch ist für Hobbes also bereits im Naturzustand ein Unrecht, weil es gegen das Gebot der rechten Vernunft verstößt, das zuallererst gebietet, den Frieden zu suchen. Wer Verträge nicht einhält, würde somit sich selbst widersprechen, da er etwas täte, was er für seine eigene Selbsterhaltung gar nicht wollen kann.

Anders verhält es sich, wenn kein Vertragsverhältnis vorliegt. Das »Recht auf alles« im Naturzustand schließt für Hobbes aus, in der Schädigung eines anderen etwas Unrechtes zu sehen, da es Mein und Dein - also Eigentum - im Naturzustand anders als dann später bei John Locke (1632–1704) nicht geben könne.[18] Folgerichtig ist auch eine Bestrafung von Eigentumsdelikten, wie Locke sie im Naturzustand für möglich hält, für Hobbes erst in der Rechtsordnung eines Staates denkbar, da es für ihn weder die Idee der Strafe noch die eines Eigentumsdelikts im Naturzustand überhaupt geben kann. Unrecht und Ungerechtigkeit gibt es in diesem Sinne also im Naturzustand nicht. Nur dort, wo bereits im Naturzustand Verträge eingegangen werden, ist es für Hobbes auch sinnvoll, von »Unrecht oder Ungerechtigkeit« (Leviathan, 101) zu sprechen. Verträge sind damit für Hobbes auch im Naturzustand verpflichtend. Es ist nur eben das Dilemma des Naturzustands, dass es sinnvollerweise nicht im Selbsterhaltungsinteresse der Menschen liegen kann, in diesem prekären Zustand Verträge, deren Erfüllung in der Zukunft liegt, was sie zwangsläufig in höchstem Maße unsicher macht, überhaupt zu schließen. Deswegen muss der Staat gegründet werden, um diese Unsicherheit durch eine Rechtsordnung zu überwinden.

Die psychologisierende Interpretation des hobbesschen Naturzustands im Sinne eines Nutzenkalküls und des daraus resultierenden Gefangenendilemmas wird durch Hobbes' Argumentation bereits antizipiert und weitgehend ausgeschlossen. Wenn nun jemand im Interesse seines eigenen subjektiven Nutzenkalküls »nicht den Frieden, sondern nur die günstige Gelegenheit sucht, so ist das kein Frieden, sondern Furcht, und deshalb kein Gebot der Natur« (Vom Bürger, 103). Hobbes' Menschenbild liegt nicht der kurzsichtige Nutzenmaximierer der spieltheoretischen Interpretation zugrunde, sondern ein Mensch, der danach strebt, die Bedrohung zu vermeiden. Dieser Mensch ist nicht aggressiv, sondern eher furchtsam. Daher würde nach Hobbes der Mensch in der rechtlosen Lage des Naturzustands nicht zwangsläufig seinen Vorteil darin suchen, einem anderen zu schaden. Letztlich sind diejenigen, die nach den spieltheoretischen Prämissen handeln, nicht rational. Sie verhalten sich vielmehr unklug, weil sie nur nach ihrem kurzsichtigen Vorteil streben und daher auch Abmachungen und Verträge brechen, sobald ihnen dies zu ihrem unmittelbaren Nutzen gereicht. Hobbes geht offensichtlich davon aus, dass der Mensch nicht bei der erstbesten Gelegenheit wegen seines eigenen Vorteils die eingegangenen Verträge brechen würde, sondern bemüht sein würde, die mit diesen verbundenen Verpflichtungen aufgrund seines vernünftigen Kalküls so lange einzuhalten, wie er nicht bedroht wird. Die Widersprüchlichkeit der menschlichen Situation im Naturzustand resultiert für Hobbes aus den widerstreitenden Rechtsansprüchen. Die Menschen können im Naturzustand nicht auf die Aufhebung dieses strukturell unsicheren Zustands hoffen, sodass sie einander im Naturzustand notwendigerweise fürchten müssen.

Hobbes behauptet sogar, dass es die »Todesfurcht« sei, »die die Menschen friedfertig« (Leviathan, 98) mache, denn nur so könne die beständige Bedrohung, die im Naturzustand herrsche, überwunden werden. Die Furcht motiviert die Menschen, einen Staat zu gründen, der angesichts des unauflösbaren Konflikts widerstreitender Rechtsansprüche Schutz bietet und Frieden schafft. Hobbes' Souveränitätslehre gewinnt ihre Bedeutung von diesen Überlegungen her, da hier zum ersten Mal in der Rechtsphilosophie die fundamentale Problematik widerstreitender Rechte im Naturzustand gesehen und formuliert wird, die eben nur durch die Schaffung legitimer staatlicher Gewalt tatsächlich zu lösen ist. Die Notwendigkeit, den Naturzustand zu verlassen, begründet Hobbes deshalb durch diesen Nachweis der rechtlichen Widersprüchlichkeit des Naturzustands, nicht durch ein reines Nutzenkalkül, das offensichtlich die Einhaltung der Verträge nicht erschöpfend zu begründen vermag. Die von ihm entwickelten natürlichen Gesetze, die sich aus dem vernunftrechtlichen Gebot der Friedenssuche ableiten, führen bereits immer deutlicher auf eine Vorstufe der Staatsgründung zu. Dies wird besonders offenkundig, wenn Hobbes im fünfzehnten Gesetz der Natur von der Notwendigkeit eines Schiedsrichters spricht. Denn auch wenn die Menschen sich über die natürlichen Gesetze einig wären und sich bemühen würden, sie zu befolgen, »so würden doch täglich Zweifel und Uneinigkeiten über die Anwendung dieser Gesetze auf die Geschehnisse sich erheben; nämlich darüber, ob das Geschehene gegen das Gesetz verstoße oder nicht, und das nennt man Rechtsstreit; aus ihm entspringt Kampf zwischen den Parteien, von denen jede sich für verletzt hält. Darum ist es in diesem Falle zur Erhaltung des Friedens nötig, (...) daß (...)

sie sich dem schiedsrichterlichen Ausspruche eines Dritten zu unterwerfen haben.« (Vom Bürger, 107) Genau dies aber ist die Rolle des Staates, die Hobbes in seiner eigentlichen Staatslehre im *Imperium*-Teil von *De Cive* entwickelt.
Hobbes räumt ein, dass die Geltung und Verpflichtung der natürlichen Gesetze insofern begrenzt sei, als diese Gesetze vor allem das Gewissen (*foro interno*) verpflichten, nicht aber unbedingt auch nach außen (*foro externo*) den gleichen Verpflichtungscharakter haben. Die Verpflichtung nach außen setzt Hobbes zufolge einen äußeren, unabhängigen Richter voraus, der über mögliche Verletzungen der Gesetze urteilen kann. Solange dies nicht gegeben ist, entscheidet der Einzelne über den Grad der einzugehenden Verpflichtung nach außen. Unklar ist dabei, inwieweit die anderen sich diesen Gesetzen nach außen verpflichten. Deshalb würde derjenige, der eine grundsätzliche und vorbehaltlose Verpflichtung gegenüber den äußeren Gesetzen eingeht, solange »die andern nicht dasselbe täten, keineswegs der Vernunft folgen; er würde sich hiermit nicht den Frieden, sondern nur einen sicheren und frühen Untergang bereiten und durch Befolgung der Gesetze eine Beute jener werden, welche sie nicht befolgen. Man kann daher nicht annehmen, daß die Menschen von Natur, das heißt durch die Vernunft zur Erfüllung aller dieser Gebote verpflichtet seien, solange das Gleiche nicht auch von den anderen gilt.« (Vom Bürger, 110)
Dies scheint nun sogar die quasi wörtliche Formulierung des Gefangenendilemmas zu sein.[19] Bernd Ludwig hat aber in brillanter Klarheit gezeigt, dass die spieltheoretische Interpretation auf einem Missverständnis beruht, denn es geht »Hobbes in den einschlägigen Kontexten *grundsätzlich* nicht um mögliche Auszahlungen bei Erfüllung und Nichterfüllung von Verträgen (...), sondern allein um die Frage, wann *Verpflichtungen* zustande kommen – und dieses hat bei Hobbes mit der Frage, wann es *vorteilhaft* ist, Verträge zu *erfüllen*, nichts zu tun: Verträge werden *geschlossen*, weil die Kontraktanden zum Zeitpunkt des Vertragsschlusses das

Resultat der beiderseitigen Erfüllung als ein Gut für sich ansehen. Verträge sind verbindlich, *weil* sie (unter adäquaten Bedingungen) geschlossen wurden: Der Vertragsschluß *beendet* die motivationale Vorgeschichte ein für allemal.«[20] Diese Position erinnert an die weiter oben diskutierten Überlegungen Howard Warrenders.

Im Naturzustand ist die Unterscheidung zwischen der Motivation zum Vertragsschluss und den Bedingungen, unter denen Verträge auch bereits im Naturzustand überhaupt gültig sein können, fundamental. Zum Verpflichtungscharakter der natürlichen Gesetze bleibt festzuhalten, dass diese zwar grundsätzlich in *foro interno* verpflichten, aber eben nicht immer auch die äußeren Handlungen der Menschen zu bestimmen vermögen. Damit hat Hobbes nachgewiesen, dass es im Naturzustand für den Menschen keine Rechtssicherheit geben kann. Und dies nicht deshalb, weil andere Menschen ihm eventuell schaden wollen, sondern weil jeder mit gleichem Recht für sich beanspruchen kann, den anderen einzuschränken. In dieser Analyse liegt »Hobbes' rechtsphilosophische Pionierleistung«[21]: Er hat mit der Rechtsantinomie des Naturzustands die Notwendigkeit eines Staates als Friedens- und Rechtssicherungsinstanz schlüssig nachgewiesen. Ohne die Rechtsordnung eines Staates, das geht aus der Analyse des Naturzustands klar hervor, kann es für den Menschen keine Hoffnung auf Rechtssicherheit geben. Dieser bestechende Minimalismus ist für Hobbes durchaus charakteristisch.

Die natürlichen Gesetze, die Hobbes aus dem grundsätzlichen ersten Gebot der Vernunft, nämlich den Frieden zu suchen beziehungsweise zu stiften, ableitet, können nur vor dem Gewissen verpflichten, da es gegen das individuelle Interesse auf Selbsterhaltung verstoßen würde, sich bereits in dem unsicheren Naturzustand auch äußerlich an diese zu binden. Hobbes erläutert in seiner *Antwort an Bramhall*, dass die natürlichen Gesetze nur durch die natürliche Vernunft bekannt seien. Sie seien Theoreme, die zwar zum Frieden führen wollen, aber in ihrer Verbindlichkeit nicht wirklich verlässlich und deswegen auch nicht wirklich Gesetze seien.[22] Die natürlichen Gesetze haben somit lediglich den Verpflichtungscharakter eines Ratschlags, den man sich nach eigenem Belieben zu eigen machen kann, nicht aber die rechtsverbindliche Verpflichtung eines positiven Gesetzes.

Mit der grundlegenden Annahme eines Rechts auf Selbsterhaltung kennzeichnet Hobbes den einzelnen Menschen als Träger individueller Rechte. Der Absolutist Sir Robert Filmer (1588–1653) kritisiert Hobbes für diese Grundlage seiner Staatstheorie. Für einen Absolutisten bedeutet die Annahme individueller Rechte das Ende jeglicher – allein von Gott legitimierten – absolutistischen Herrschaft. Filmer begrüßt zwar Hobbes' Souveränitätstheorie, er lehnt die rechtsphilosophische Begründung aber schroff ab, weil sie für ihn mit den Prärogativen der Monarchie nicht vereinbar ist.[23] Damit ist aber noch nicht gesagt, dass Hobbes eine rein individualistische Philosophie erarbeitet hätte. Vielmehr fordert die Erkenntnis der Existenz gleichwertiger individueller Rechtssubjekte, ihr Verhältnis zueinander zu bestimmen. Durch das Theorem des Naturzustands ist es Hobbes gelungen, die Widersprüchlichkeit dieser individuellen Rechte außerhalb jeder rechtlich verfassten menschlichen Gemeinschaft aufzuweisen. Die wilde Freiheit außerhalb einer rechtlich verfassten Gesellschaft präsentiert Hobbes dabei nicht nur als leer und wirkungslos, sondern auch als für die Selbsterhaltung des Einzelnen bedrohlich. Die Sicherheit, Freiheit zu genießen, das ist die Konsequenz des Naturzustandstheorems, kann es mithin nur in der geordneten und Rechtsfrieden stiftenden Institution eines Staates geben. Eine Charakterisierung der hobbesschen Lehre als individualistisch trifft daher nicht die volle Bedeutung von Hobbes' Position. Hobbes hingegen aufgrund seiner Souveränitätslehre als doktrinären Absolutisten oder gar totalitären Staatsdenker begreifen zu wollen, verfehlt noch viel mehr den wesentlichen rechtsphilosophischen Gehalt, was aufgrund seiner Lehre vom Naturzustand bereits deutlich geworden und nun anhand seiner eigentlichen Staatslehre noch genauer zu zeigen ist. Im Nachweis der Rechtsantinomie liegt die begründungstheoretische Pointe von Hobbes' bis hierhin untersuchter politischer Rechtsphilosophie, die den Ausgang aus dem (theoretischen) Naturzustand des Menschen notwendig gebietet.

2. Die Begründung des Staates: Hobbes' Vertrags- und Souveränitätstheorie

Ungeachtet der Vielschichtigkeit und Komplexität von Hobbes' Rechtsphilosophie ist es ihm zugleich in beeindruckender Prägnanz gelungen, die Begründung staatlicher Herrschaft auf ein neues, durch seine Einfachheit überzeugendes Fundament zu stellen. Mit seiner spezifischen Naturzustandstheorie löst Hobbes sich von den bestehenden Traditionen politischer Philosophie, wie sie vor allem durch den Aristotelismus und die Scholastik vorgegeben waren. Die verblüffende Einfachheit seiner Argumentation ist gerade deswegen so schlagend, weil sie anders als alle bisherige Philosophie ganz bewusst nicht auf eine detaillierte Auseinandersetzung mit diesen bestehenden Traditionen eingeht.[24] Darin liegt dann zugleich auch ein frontaler Angriff gegen diese Traditionszusammenhänge, indem Hobbes sich eben nicht die Art und Methode des Philosophierens über die Fragen menschlicher Freiheit und Herrschaft von dieser Tradition vorschreiben lässt. Ihm ist dabei durchaus bewusst, dass er mit diesem provokanten Traditionsbruch die Rechtsphilosophie auf eine ganz neue Grundlage stellt.[25]

Die schlagende Einfachheit des Naturzustandsarguments versucht Hobbes nun auch in seiner Argumentation zur Begründung des Staates zu wiederholen. Er folgt dabei dem französischen Juristen Jean Bodin (1530–1596), indem er behauptet, dass die Souveränität ihrer Natur nach unteilbar sei. Das heißt, dass im Staat ein eindeutiger Gesetzgeber auszumachen ist, der in seiner Autorität nicht wieder durch andere Instanzen infrage gestellt werden kann. Gleich Bodin bevorzugt auch Hobbes als Staatsform die Monarchie, aber sein Souveränitätsverständnis ist nicht auf eine spezifische Staatsform festgelegt. Der Souverän sollte aber, ob nun in Form einer Versammlung oder eines Monarchen, absolut sein.

Da Hobbes fast nie andere Autoren in seinen rechtsphilosophischen Werken nennt[26] und nur Aristoteles gelegentlich erwähnt, um gegen diesen zu polemisieren, ist es besonders bemerkenswert, dass er in den *Elements of Law* Bodin ausdrücklich und lobend im Zusammenhang der Souveränitätstheorie erwähnt: »Die (...) Meinung, daß die herrschende Gewalt geteilt werden könne, ist (...) ein Irrtum. Und wenn es Gemeinwesen gäbe, in denen die Rechte der Herrschaft geteilt wären, so müßten wir mit Bodin (...) gestehen, daß solche mit Unrecht Gemeinwesen genannt werden und nichts anderes sind als Zerrbilder eines Gemeinwesens.« (Naturrecht, 194)

Das zentrale Argument der bodinschen Souveränitätslehre hat Hobbes damit unter ausdrücklicher Namensnennung übernommen. Er geht aber über Bodins empirisch-deskriptive Argumentation insofern entscheidend hinaus, als er eine rechtsphilosophische Fundierung der souveränen Staatsgewalt entwickelt. Die Notwendigkeit, den rechtlosen Naturzustand zu verlassen, und diejenige, den Staat durch einen Gesellschaftsvertrag zu begründen, bilden die zentralen Punkte der hobbesschen Rechtslehre. »Hobbes hat (...) als erster, und dies unterscheidet ihn ganz zentral von Bodin, in seiner Philosophie nachgewiesen, warum eigentlich der moderne Staat an seiner Spitze einen Souverän haben muß.«[27] Damit hat Hobbes mit seiner Theorie »eigentlich erst die Notwendigkeit von Souveränität für die Gesellschaft seiner Zeit bewiesen. Insofern unterscheidet er sich fundamental von Bodin, der es bei der Konstatierung von Souveränität belassen hat.«[28]

Hobbes entwirft seine Souveränitätstheorie nicht mit dem Ziel, dem englischen König absolute Macht zuzuschreiben, wie dies etwa Filmer und andere absolutistische Denker in ihren Schriften taten. Hobbes geht es um den Nachweis der grundsätzlichen Notwendigkeit staatlicher Herrschaft, die eben durch den Souverän ausgeübt wird. In der Unsicherheit und Friedlosigkeit des vorstaatlichen Naturzustands liegt der Grund für diese Notwendigkeit. In den einzelnen Argumentationsschritten dieses Teils seiner Lehre schafft Hobbes die modernen Grundlagen der Staatsphilosophie. Der Staat ist nach Hobbes ein durch den Menschen selbst errichtetes künstliches Gebilde[29], um die Rechtsunsicherheit des Naturzustands zu überwinden. Der Mensch wird daher in Hobbes' Rechtsphilosophie nicht nur zum Träger von Rechten, sondern auch zum Schöpfer des staatlichen Gemeinwesens.

Er ist aber auch zugleich das Objekt staatlicher Herrschaft. In diesem Spannungsverhältnis entwickelt sich mit beachtlicher Stringenz und bis heute bemerkenswerter Überzeugungskraft die hobbessche Souveränitätslehre, deren Widersprüche und Inkonsistenzen hier ebenfalls erörtert werden sollen. Das Vorwort zu Hobbes' *Leviathan* fasst in prägnanter Formulierung die hobbessche Souveränitätstheorie zusammen: »Denn durch Kunst wird jener große *Leviathan* geschaffen, genannt Gemeinwesen oder Staat (...), der nichts anderes ist als ein künstlicher Mensch, wenn auch von größerer Gestalt und Stärke als der natürliche, zu dessen Schutz und Verteidigung er ersonnen wurde. Die Souveränität stellt darin eine künstliche Seele dar, die dem ganzen Körper Leben und Bewegung gibt.« (Leviathan, 5; vgl. auch Vom Bürger, 146)

Sowohl in *De Cive* (Kapitel 5 und 6) als auch im *Leviathan* (Kapitel 17 und 18) formuliert Hobbes die zentralen Argumente seiner Souveränitätslehre. Nur die Errichtung einer übergeordneten Herrschaft – die Gründung eines Staates – ermöglicht es, den rechtlosen Naturzustand zu verlassen, wie Hobbes bereits im *Freiheit* überschriebenen ersten Teil von *De Cive* andeutet. Die künstliche Errichtung des Staates geschieht aber nicht voraussetzungslos. Eine zentrale Bedingung ist die Vernunft des Menschen, die allein jedoch noch nicht ausreicht. Das Sprachvermögen der Menschen, das auch nicht naturgegeben, sondern eine künstliche Vereinbarung und Schöpfung der Menschen ist, bildet für Hobbes eine weitere wichtige Bedingung. Dabei ist hier nicht relevant, inwiefern Hobbes' Sprachtheorie als solche korrekt ist, sondern dass für Hobbes der alles entscheidende Unterschied zwischen natürlich und künstlich in der nur den Menschen eigenen Fähigkeit der Sprache liegt.[30]

In seiner Schrift *De Homine* (Vom Menschen) erklärt Hobbes, die größte Wohltat der Sprache sei es, dass »wir befehlen und Befehle verstehen können. Denn ohne diese gäbe es keine Gemeinschaft zwischen den Menschen, keinen Frieden und folglich auch keine Zucht, sondern erstens Wildheit, zweitens Einsamkeit.« (Vom Menschen, 17) Die Menschen sind durch ihr künstlich entwickeltes Sprachvermögen in der Lage, ihrem Willen Ausdruck zu geben und von anderen entsprechend verstanden zu werden. Der Sprache verdanken wir es daher, dass wir »gesellig und in Verträgen geeint, sorglos, glücklich und behaglich leben – oder doch leben können, wenn wir wollen« (Vom Menschen, 17). Für Hobbes ist das Sprachvermögen aber ambivalent, denn durch die Sprache ist es dem Menschen auch möglich, andere zu täuschen. Lügen, Irrtümer und falsche Regeln können somit das Miteinander gefährden. Die künstliche Erschaffung der Sprache unterscheidet den Menschen von den Tieren: Das Sprachvermögen eröffnet ihm die Möglichkeit von Vertragsschluss und Vertragstreue, die wiederum eine neue, über die natürlichen Gegebenheiten hinausgehende Art von sozialer und staatlicher Gemeinschaft ermöglicht. Zugleich gibt die Sprache den Menschen aber auch ein Machtmittel an die Hand, mit dem sie bei ehrgeizigem oder egoistischem Gebrauch ihre Mitmenschen »den Bedingungen von Gemeinschaft und Frieden abgeneigt machen« können. (Vom Menschen, 18) Man muss die ambivalente Funktion der Sprache, wie sie Hobbes vor allem in *De Cive*, im *Leviathan* und in *De Homine* entwickelt, bei der Erörterung des Naturzustands und seiner Idee der künstlich durch Vertrag zu schaffenden Staatsgründung mit berücksichtigen. Nur so werden die Voraussetzungen seiner Verpflichtungs- und Souveränitätstheorie verständlich.[31]

Der zweite, *Herrschaft* überschriebene Teil von *De Cive* enthält die eigentliche Staatslehre. Hobbes erörtert hier die Frage, warum das naturgesetzliche Gebot, den Frieden zu suchen, allein nicht ausreicht, um die Unsicherheit und Rechtlosigkeit des Naturzustands zu beseitigen. Die Menschen können, wenn sie diesem Gebot folgen, dennoch nicht davon ausgehen, dass ihr Verhalten ihnen auch die nötige Sicherheit gewährleistet, da das Verhalten der übrigen Menschen nach wie vor ihrer eigenen Entscheidung überlassen und damit unkalkulierbar und potenziell unsicher bleibt. Die Rechtsantinomie und die tatsächliche physische Gefährdung bleiben latent vorhanden. »Daraus folgt, daß die bloße Erkenntnis der natürlichen Gesetze doch nicht jedem sofort die Sicherheit ihrer Befolgung gibt« (Vom Bürger, 124); und solange es keine Sicherheit gibt, hat jeder »das ursprüngliche Recht (...), sich auf alle Weise, wie er nur will und kann, zu schützen« (Vom Bürger, 124). Damit ist nachgewiesen, dass das naturgesetzliche Gebot, den Frieden zu suchen, nicht genügt, um den Naturzustand zu überwinden. Das Recht eines jeden auf alles bleibt erhalten, und die entscheidende Herausforderung, wie diese Sicherheit geschaffen werden kann, besteht damit weiterhin.

Die Befolgung der natürlichen Gesetze muss zusätzlich und unabhängig von den Willensentscheidungen der Einzelnen auf eine andere Weise abgesichert werden. Im Naturzustand waren die natürlichen Gesetze nach Hobbes zwar grundsätzlich verbindlich, aber eben sinnvollerweise nur dann, wenn entsprechende Sicherheit herrschte. Sobald der Mensch eine begründete Furcht haben konnte, dass nicht alle involvierten Akteure die natürlichen Gesetze, wie etwa den Frieden zu suchen oder Verträge zu halten, beachten würden, war er seinerseits frei von Verpflichtungen.[32] Hinzu kommt, dass jeder Mensch für sich darüber entscheiden musste, wann eine solche Furcht berechtigt ist. Damit ist der Naturzustand nicht nur an sich unsicher, sondern erschwerend auch noch durch die subjektiven Urteile über die bestehende Unsicherheit gekennzeichnet. Insofern ist es naheliegend, dass die Menschen im Naturzustand angesichts der Gefahr, dass die erst in der Zukunft zu erfüllenden Verträge eben nicht erfüllt werden, diese erst gar nicht eingehen würden. Hobbes betont hier erneut die Furcht als entscheidenden Motivationsfaktor. Die naturrechtlichen Gebote waren unter der Prämisse der vorhandenen Sicherheit verbindlich, aber diese Sicherheit herrschte, wie Hobbes überzeugend nachgewiesen hatte, eben gerade nicht im Naturzustand. Hobbes hatte somit zu klären, wie eine solche Sicherheit gewährleistet werden könnte.

Er spielt dies nun anhand einiger hypothetischer Überlegungen durch. Zunächst liege es nahe, dass jeder versuchen würde, sich durch den Zusammenschluss mit anderen zu schützen, um seine Sicherheit zu erhöhen. Diese Bündnisse erreichen aber Hobbes zufolge niemals eine Größe, die effizienten Schutz bieten kann. Darüber hinaus machen die unterschiedlichen menschlichen Neigungen und Begierden es unmöglich, den Zusammenschluss über die kurzfristige Abwehr einer konkreten Gefahr hinaus dauerhaft aufrechtzuerhalten. Vielmehr wird jeder, so Hobbes, sofort wieder nach seinem eigenen Interesse streben und die Einigkeit des Defensivbündnisses damit infrage stellen. Daraus folgert er, dass »eine Gesellschaft nur zu gegenseitiger Hilfeleistung nicht jene Sicherheit gewährt, die wir für die Ausübung der oben genannten natürlichen Gesetze suchen; es muß noch etwas weiteres geschehen, damit die, welche einmal sich zum Frieden und zu gegenseitiger Hilfe um des gemeinen Besten willen verbunden haben, durch Furcht verhindert werden, sich später, wenn etwa ihr privates Interesse nicht mit dem allgemeinen übereinstimmt, wieder zu trennen« (Vom Bürger, 126). Der Furcht kommt damit in Hobbes' Theorie in ganz anderem Kontext erneut ein motivierendes Moment zu.

Hobbes' Souveränitätstheorie gibt hier an entscheidender Stelle Anlass zu Missverständnissen. Das Verhältnis von Vernunft und Zwang ist in seiner Theorie nicht vollständig gelöst. Dort, wo er meint, dass der vernünftigen Einsicht der Menschen nicht so weit vertraut werden könne, um das für die Allgemeinheit - und damit auch für jeden Einzelnen - Beste zu erreichen, greift er immer wieder auf den Zwang zurück. Das Problem, was zu geschehen habe und wer mit welcher legitimen Autorität korrigierend und wenn nötig auch mit Zwang intervenieren kann, wenn die menschliche Einsicht unzuverlässig und defizitär bleibt, macht letztlich eine der fundamentalen rechtsphilosophischen Fragen aus. Hobbes dringt in seiner Analyse also zielsicher und konsequent zu den grundlegenden Problemen vor. Das sollte zunächst einmal festgehalten werden. Die Bedeutung der menschlichen individuellen Einsicht und Vernunft in Hobbes' Rechtslehre ist nicht zu unterschätzen, wiewohl er den mit Zwangsbefugnissen ausgestatteten staatlichen Souverän als die entscheidende Instanz zur Etablierung und Wahrung von Ordnung und Sicherheit bestimmt.

Der Zusammenschluss der Menschen beruht für Hobbes »nur auf Vertrag«, diese Übereinstimmung »ist eine künstliche« (Vom Bürger, 127). Der Zusammenschluss der Menschen ist damit für Hobbes nicht naturgegeben, sondern aus dem willentlichen und schöpferischen Akt des Vertragsschlusses hervorgegangen. Diesen Vertrag zu schließen, ist nun ein Gebot der menschlichen Vernunft, denn jeder Mensch muss wollen, dass der rechtlose Naturzustand aufgehoben wird. Mit der Betonung des Vertrags führt Hobbes hier auch einen ganz neu akzentuierten Aspekt der Legitimation staatlicher Herrschaftsrechte in die rechtsphilosophische Diskussion ein. Dem eingangs bereits zitierten Juristen Georg Jellinek folgend hat Carl Schmitt (1888–1985) die Bedeutung dieses Vertrags in ähnlicher Weise gewürdigt und festgestellt, dass das »entscheidende Element der gedanklichen Konstruktion« darin liegt, dass »dieser Vertrag nicht - wie nach mittelalterlichen Vorstellungen - ein vorhandenes, von Gott geschaffenes Gemeinwesen und eine präexistente, natürliche Ordnung betrifft, sondern daß der Staat als Ordnung und Gemeinwesen das Ergebnis menschlichen Verstandes und menschlicher Schöpfungskraft ist und durch den Vertrag überhaupt erst entsteht«[33].

Nur durch die Etablierung einer schiedsrichterlichen Macht konnten nach Hobbes die im Naturzustand vorherrschenden menschlichen Verhaltensweisen, die durch Willkür und subjektives Urteil bestimmt waren, unterbunden werden. Um Sicherheit zu gewährleisten, bedurfte es also der Existenz einer autorisierten Macht. Durch diese Überlegungen gelangt Hobbes zum eigentlichen Kern seiner Vertragstheorie, auf der wiederum die rechtsphilosophische Legitimation des Souveräns beruht.

Denn im Naturzustand hätte die bloße Übereinstimmung der Einzelnen nicht ausgereicht, um die im wörtlichen Sinne notwendige staatliche Macht zu begründen. Solange diese Macht nicht besteht, bleibt den einzelnen Menschen nichts anderes übrig, als sich auf ihr je eigenes subjektives Urteil zu verlassen. Ihre individuellen Urteile und ihr eigener Wille würden daher weiterhin kollidieren. Nur in einem einzigen Willen kann nach Hobbes das gemeinsame Interesse effektiv gewahrt werden. »Dies ist aber nur möglich, wenn die einzelnen ihren Willen dem Willen eines einzelnen, d. h. eines Menschen oder einer Versammlung, so unterwerfen, daß dieser Wille für den Willen aller einzelnen gilt, soweit er etwas über das zum gemeinsamen Frieden Notwendige bestimmt.« (Vom Bürger, 128) Die so errichtete Macht, die in einem einzigen Willen die Interessen aller repräsentiert, ist aber nicht zufällig entstanden, sondern resultiert aus der vernünftigen Einsicht aller, dass nur so das Ziel von Rechtsfrieden und Sicherheit erlangt werden kann. »Diese Unterwerfung des Willens aller unter den Willen eines Menschen oder einer Versammlung erfolgt dann, wenn jeder sich jedem der übrigen durch Vertrag verpflichtet, dem Willen dieses einen, dem er sich unterworfen hat, (...) keinen Widerstand zu leisten.« (Vom Bürger, 128) Der sich Unterwerfende stellt damit das gesamte Vermögen seiner Person dem Willen der herrschenden Macht zur Disposition. Das Recht der Selbstverteidigung behält Hobbes aber ausdrücklich auch dem sich Unterwerfenden vor. (Vgl. Vom Bürger, 128) Dass man gegen die Gebote des Friedens handelt, wenn man von seinem »Recht auf alles« nicht abgeht, hat Hobbes im ersten Teil von *De Cive* gezeigt. Hier erörtert Hobbes nun konkret, wie dieses Gebot erfüllt wird. Die Unterwerfung der Einzelnen unter einen ihnen übergeordneten Willen einer Versammlung oder eines Einzelnen geschieht zur Erfüllung des natürlichen Gesetzes und ist daher ein Gebot der *recta ratio*.

Das hobbessche Modell der idealtypischen Staatsgründung bleibt insofern unbefriedigend, als nicht geklärt ist - und letztlich auch nicht befriedigend geklärt werden kann -, was geschehen soll, wenn die Menschen dem Gebot der rechten Vernunft nicht folgen und im Zustand ihrer wilden, ungesicherten und damit paradoxen Freiheit verharren. Hobbes genügt es, nachzuweisen, warum es sinnvoll ist, sich in einem Staat zusammenzuschließen und damit ein staatliches Gewaltmonopol zu begründen. Er beabsichtigt nicht, die historisch-empirischen Entwicklungen der Staatsgründungen aufzuzeigen. Seine Argumentation zielt darauf ab, zu beweisen, dass der Mensch aufgrund seiner Vernunft sich in einem Staat vereinigen wollen muss.

Durch die natürlichen Gesetze war dies geboten, aber nicht erzwingbar. Hobbes hat hierauf sowohl in *De Cive* als auch im *Leviathan* hingewiesen: »Ein Gesetz der Natur, *lex naturalis*, ist eine von der Vernunft ermittelte Vorschrift oder allgemeine Regel, nach der es einem Menschen verboten ist, das zu tun, was sein Leben vernichten oder ihn der Mittel zu seiner Erhaltung berauben kann, und das zu unterlassen, wodurch es seiner Meinung nach am besten erhalten werden kann.« (Leviathan, 99) Die durch Vertrag »gebildete Vereinigung ist der Staat oder die bürgerliche Gesellschaft« (Vom Bürger, 128), die es erst ermöglicht, dass auch die natürlichen Gesetze positiviert werden und damit nicht nur als

Handlungsempfehlungen, sondern als rechtsverbindliche Gesetze aufzufassen sind.

In der von ihm entwickelten Analyse, das wurde bereits ausführlich im vorhergehenden Kapitel gezeigt, geht es Hobbes nun nicht um die in weiten Teilen der Hobbesforschung spieltheoretisch untersuchte Frage, ob sich ein Vertragsschluss und dessen Befolgung im Naturzustand auszahlen. Derlei Überlegungen hat Hobbes bereits verworfen, indem er feststellte, dass ein derartiges Verhalten nicht den Frieden, sondern nur eine günstige Gelegenheit suche. (Vgl. Vom Bürger, 103) Er zielt mit seiner Diskussion des Vertrags gar nicht mehr auf diesen Problemzusammenhang. Für ihn ist durch das Naturzustandsszenario hinlänglich bewiesen, dass die Rechtssicherheit des Staates der im Naturzustand herrschenden Unsicherheit und Bedrohung unbedingt vorzuziehen ist. Ihm geht es also nicht mehr um die Motivation zur Staatsgründung, sondern darum, zu zeigen, wann und unter welchen Bedingungen Verpflichtungen zustande kommen.

In diesem Zusammenhang wird auch immer wieder der zeitliche Aspekt eines staatsbegründenden Vertrags im Naturzustand als ein weiteres Problem ausgemacht.[34] Und in der Tat erscheint Hobbes' Argumentation hier widersprüchlich. Denn es drängt sich zunächst die grundsätzliche Problematik auf, wie die offensichtlich defizitären naturrechtlichen Gebote den Menschen wirklich verpflichten können, sich an den notwendigen Vertragsschluss zur Staatsgründung tatsächlich zu halten. Das naturrechtliche Gebot, dass Verträge einzuhalten seien, forderte dies zwar, aber Hobbes hat gerade auch gezeigt, dass es im Naturzustand vor dem Bestehen staatlicher Herrschaftsgewalt eben keine Verlässlichkeit für Verträge gibt. Dies war ja der entscheidende Grund dafür, dass der Mensch den Naturzustand verlassen wollen muss. Trotz des Vertragsschlusses, der einem Souverän die höchste Macht überlässt, scheint es doch so, dass durch diesen Vertrag allein der Naturzustand nicht überwunden werden kann, wenn man Hobbes' Lehre ernst nimmt, die er in *De*

Cive und später noch prägnanter im *Leviathan* vertritt: »Verträge ohne das Schwert sind«, so Hobbes, »bloße Worte und besitzen nicht die Kraft, einem Menschen auch nur die geringste Sicherheit zu bieten. Falls keine Zwangsgewalt errichtet worden oder diese für unsere Sicherheit nicht stark genug ist, wird und darf deshalb jedermann sich rechtmäßig zur Sicherung gegen alle anderen Menschen auf seine eigene Kraft und Geschicklichkeit verlassen.« (Leviathan, 131) Warum wollte Hobbes die Schaffung staatlicher Souveränität durch Vertragsschluss begründen, wenn doch nach seiner eigenen Prämisse Verträge erst im gesicherten Rechtsrahmen einer staatlichen Herrschaft wirklich verbindlich sein können?
Wolfgang Kersting hat den Einwand, der Staatsvertrag müsse den Staat bereits voraussetzen, um als valider Vertrag den Staat unter Naturzustandsbedingungen erzeugen zu können, widerlegt. Denn der Staatsvertrag ist ein die Situation des Naturzustands reflektierender Vertrag, »der nur den einen Zweck hat, die Bedingungen zu erschaffen, die erfüllt sein müssen, damit sich friedliche gesellschaftliche Verhältnisse und vertrauensvolle vertragliche Kooperation entfalten können. (...) Es ist ein Vertrag, der in derselben logischen Sekunde, in der er geschlossen wird, seine Garantie und die Sicherheit für vertragliche Vereinbarungen überhaupt bewirkt. Hier eine zeitlich kausale Differenz hineinzubringen, an der der Vertrag als eine in zeitlichen Verhältnissen sich entfaltende Strategie scheitern muß, verkennt den theoretisch-methodischen Status der Hobbesschen politischen Philosophie.«[35]
Hobbes hat letztlich zu beweisen versucht, dass jeder Mensch wollen muss, dass die staatliche Gewalt alle Menschen zur Befolgung einer staatlichen Rechtsordnung zwingen kann. Erst wenn jeder davon ausgehen kann, dass der andere sich nicht nur vor seinem Gewissen (*foro interno*) zu einem Verzicht auf sein »Recht auf alles« entschieden hat, sondern wenn klar ist, dass der Staat das Recht hat, dies auch tatsächlich zu erzwingen, ist für jeden hinreichende Sicherheit gegeben. In diesem Moment ist es daher auch sinnvoll, von Gerechtigkeit zu spre-

chen, da Rechtsverhältnisse nun möglich sind. Das Verhältnis der Menschen zueinander ist nicht mehr durch Gewalt und List bestimmt, sondern unterliegt der gesetzlichen Regelung. Verträge sind nun gesichert und verbindlich, da sie unter der Obhut des Staates geschlossen werden. Unter diesen Bedingungen ist es daher dann im je individuellen Kalkül auch klug und ratsam, Verträge einzuhalten.

Bis hierhin hat Hobbes also dargelegt, warum die Menschen sich in einem Staat vereinigen müssen. Dem schlichten, aber nicht zuletzt dadurch so zwingenden Argument der Notwendigkeit einer Staatsgründung, das Hobbes bereits in *De Cive* – gegen Aristoteles gewandt – als künstliches (das heißt nicht aufgrund einer naturnotwendigen Disposition der Menschen) entwickelt hat, hat nun die detaillierte Ausarbeitung der staatlichen Souveränität zu folgen. Die Schaffung von Sicherheit im Sinne von Rechts- und Vertragssicherheit, aber auch die existenzielle Sicherheit von Eigentum und Leben obliegt dem Souverän. Damit einher geht die Kompetenz zur Positivierung der natürlichen Gesetze. Der Souverän hat die bürgerlichen und staatsrechtlichen Gesetze und Strafen festzulegen und ist damit »berechtigter Inhaber der höchsten Staatsgewalt« (Vom Bürger, 134).

Hier liegt also der Ausgangspunkt für Hobbes' absolutistische Souveränitätstheorie. Im *Leviathan* werden an zentraler Stelle im 17. Kapitel die Bedingungen zur Errichtung des Staates erörtert. Diese Passage macht neben der früher in *De Cive* entwickelten Argumentation das Kernstück der hobbesschen Rechtsphilosophie im *Leviathan* aus. Die allgemeine Staatsgewalt wird demnach mit dem Ziel errichtet, die Menschen zu schützen. Die so geschaffene Sicherheit erlaube es jedem, seinen eigenen Arbeiten nachzugehen und zufrieden zu leben. Der Zusammenhang von Schutz und Gehorsam wird hier von Hobbes erneut ganz deutlich formuliert. Wesentlich prägnanter wird nun im *Leviathan* der Gedanke der Repräsentation der Einzelnen durch den Souverän vorgetragen. Die Menschen, die vor dem Vertragsschluss nur eine anonyme Masse und keine Rechtspersonen darstellen, erschaffen durch diesen Vertrag den sie repräsentierenden Souverän, sei dieser ein Monarch oder eine Versammlung. Dadurch werden die Einzelwillen der anonymen Menge in dem einen Willen des Souveräns repräsentiert. (Vgl. Leviathan, 134) Der in der klassischen Vertragstheorie enthaltene Aspekt der Herrschaftsbegrenzung durch den Vertrag wird von Hobbes bewusst umgangen, indem der Vertrag gerade nicht zwischen Untertanen und Souverän geschlossen wird.[36] Bei Hobbes kommt dem Vertrag nur ein die staatliche Herrschaft begründendes Moment zu.

Hier ist allerdings auf einen bemerkenswerten Gesichtspunkt innerhalb seiner Souveränitätstheorie zu verweisen. Im 20. Kapitel des *Leviathans* erklärt Hobbes, »ein *Staat durch Aneignung* liegt vor, wenn die souveräne Macht mittels Gewalt erworben wurde« (Leviathan, 155). Die souveräne Macht scheint hier zunächst nicht legitim zu sein, da sie allein aufgrund von Gewalt besteht. Arihiro Fukuda hebt in seiner Studie zu Hobbes hervor, dass die Bedeutung des Vertrags in Hobbes' gesamter Souveränitätstheorie durch die im 20. Kapitel eingeführte Souveränität durch Aneignung so weit relativiert werde, dass es letztlich insgesamt nicht ein Vertrag, sondern pure Macht sei, die nach Hobbes die staatliche Souveränität begründe. Er übersieht dabei allerdings, dass diese Konstruktion bei Hobbes durchaus weiterführende Konsequenzen hat, die Howard Warrender zu dem genau umgekehrten Schluss gelangen lassen. Denn letztlich ist, so das Argument Warrenders, die staatliche Herrschaft durch Aneignung nur dadurch wirklich begründet und effektiv, dass diejenigen, die sich dem siegreichen Eroberer unterwerfen, einen Vertrag mit dem Souverän eingehen.[37] Hobbes sagt im 21. Kapitel des *Leviathans*, das von der »Freiheit der Untertanen« handelt, selbst ausdrücklich: »Souveränität durch Einsetzung [entsteht] durch Vertrag eines jeden mit jedem und die Souveränität durch Aneignung durch Verträge des Besiegten mit dem Sieger.« (Leviathan, 168) Man wird also zumindest die

Souveränität durch Aneignung nicht wie Fukuda dahin gehend interpretieren können, dass sie Hobbes' Theorie außer Kraft setze, der zufolge nur durch die ausdrückliche Willenserklärung eines Vertrags staatliche Herrschaft zu legitimieren sei. Hobbes hat mit dieser alternativen Konstruktion allerdings seine Vertragstheorie grundlegend geändert, denn in der Tat verliert der Souverän seine privilegierte Stellung und wird selbst Teil eines Vertragsverhältnisses, da für Hobbes jede Verpflichtung nur durch ausdrückliche individuelle Willenserklärung eingegangen und nicht durch äußere Macht erzwungen werden kann.[38]

»Deshalb verleiht nicht der Sieg das Herrschaftsrecht über den Besiegten, sondern dessen eigener Vertrag. Er ist auch nicht verpflichtet, weil er besiegt, das heißt geschlagen, gefangengenommen oder in die Flucht geschlagen wurde, sondern weil er damit einverstanden ist und sich dem Sieger unterwirft.« (Leviathan, 158) Der Zweck der Herrschaft besteht auch hier im Schutz, der durch die Staatsgewalt gewährt wird. Grundsätzlich dauert »die Verpflichtung der Untertanen gegen den Souverän (...) nur so lange, wie er sie aufgrund seiner Macht schützen kann, und nicht länger« (Leviathan, 171). Dieser Argumentationszusammenhang erklärt, warum es für Hobbes wichtig ist, zu zeigen, dass der Gehorsam gegenüber dem Souverän Grenzen hat. Durch Gewalt kann die Schutzfunktion des bisherigen Souveräns beendet werden, und es ist dann legitim, sich der neuen Macht zu unterwerfen. Genau dies hat Hobbes ja getan, als er 1652 aus dem Pariser Exil nach England zurückkehrte, wo er sich der siegreichen parlamentarischen Regierung unterwarf. Die Royalisten unter Führung von Karl II. hatten im September 1651 mit ihrer Niederlage in der Schlacht von Worcester jede Hoffnung auf eine siegreiche Rückkehr nach England verloren. Die Inkonsequenzen der hobbesschen Vertragstheorie erklären sich hier also aus der konkreten politischen Machtkonstellation, der sich Hobbes gegenübersah und die er in seiner Theorie zu reflektieren suchte.[39]

Die Erkenntnis, dass Rechte und Gesetze für die Sicherung bürgerlicher Freiheiten notwendig sind, um den paradoxen Zustand der natürlichen Freiheit zu überwinden, legt es nach Hobbes ebenfalls nahe, dass es nicht eine bestimmte Staatsform ist, die die – wilde – Freiheit einschränkt, sondern die Gesetze selbst, die ihrerseits erst durch eine gesicherte Freiheit ermöglicht werden. Sicherheit könne es nur geben, wenn die souveräne Gewalt absolut sei. Insofern ist dann der Loyalitätswechsel gegenüber der staatlichen Schutzmacht auch auf dieser grundsätzlichen theoretischen Ebene nachvollziehbar. Die Gründe, die nach Hobbes die staatliche Souveränität notwendig machen, sprechen ebenfalls dafür, dass sie absolut sei. Alle staatliche Gewalt müsse daher, um wirksam sein zu können, zur vollen Disposition des Souveräns stehen. Ohne dass die von Locke und dann vor allem von Montesquieu entwickelte Theorie der Gewaltenteilung[40] in diesem Sinne bereits bekannt war, spricht Hobbes sich eindeutig gegen jede derartige Theorie aus. Jede Teilung der souveränen Herrschaft, wie sie seit der Antike durch die Mischverfassungstheorien bekannt gewesen und im England der frühen Neuzeit ausdrücklich weiterentwickelt worden ist[41], sei deswegen »geradewegs gegen das Wesen des Staates gerichtet (...). Denn heißt die souveräne Gewalt teilen etwas anderes als sie auflösen? Geteilte Gewalten zerstören sich nämlich gegenseitig.« (Leviathan, 248) Hobbes' persönliche Präferenz für die Monarchie wird von ihm insofern der Notwendigkeit ungeteilter Souveränität untergeordnet. Die Staatsform ist nebensächlich, solange der Souverän ungeteilt und uneingeschränkt herrschen kann.

Die einzelnen Rechte des Souveräns, die seine absolute Herrschaftsgewalt ausmachen, werden von Hobbes detailliert aufgeführt. Gesetze zu erlassen und Recht zu sprechen, ist innerhalb des Herrschaftssystems die vornehmste Kompetenz des Souveräns. Die bürgerlichen Gesetze werden von Hobbes als die Gebote des Souveräns bestimmt. Zu dessen Machtbefugnis gehört ferner ein eindeutiges Zensurrecht, da er auch das Recht habe, »zu beurteilen, welche Meinungen und Lehren für den Frieden gefährlich sind, und ihre Verbreitung dann zu verbieten« (Vom Bürger, 136f.). Die Willensunterwerfung der Menschen, die durch ihren Vertragsschluss untereinander das Recht der staatlichen Herrschaft ermöglicht haben, soll nach Hobbes so vollkommen wie möglich vollzogen werden. In diesem Zusammenhang kommt dem Vertrag nicht nur eine herrschaftsbegründende Funktion zu, sondern ganz eindeutig auch die Aufgabe der Legitimation staatlicher Herrschaft. Dies ist der Erkenntnis geschuldet, dass durch die Zustimmung der Untertanen staatliche Herrschaft zusätzlich abgesichert wird. Indem Hobbes im Rahmen seiner Souveränitätstheorie mit der Schaffung der staatlichen absoluten Gewalt auch eine weitere Quelle der Verpflichtung etabliert, die über die Gewissensverpflichtung durch die natürlichen Gesetze hinausgeht, zeigt er deutlich, dass er die Bindung in *foro interno* allein nicht für ausreichend hält. Die Menschen werden in Hobbes' Theorie durch den Vertragsschluss als Begründer dieser absoluten Gewalt gesehen. Zugleich wird aber diese staatliche Herrschaft über sie ausgeübt. Durch den Vertragsschluss bekommt Hobbes' Souveränitätstheorie erst ihren radikalen, umfassenden Charakter, denn da die Errichtung der staatlichen Herrschaft erst durch den Vertrag der Menschen ermöglicht wird, ist der Souverän von den Untertanen geschaffen. Es besteht aber kein Rechtsverhältnis zwischen den Untertanen und dem Souverän. Der Vertrag, der zwischen den Menschen geschlossen wird, kann nicht als herrschaftsbeschränkendes Instrument fungieren. Das oberste Ziel staatlicher Herrschaft ist die Sicherung des Friedens. Dies ist die *raison d'être* der Staatsgründung. Damit steht der Souverän als Friedenswahrer eindeutig und für Hobbes auch notwendigerweise über den Parteien und kann gar nicht in einem Vertragsverhältnis mit ihnen stehen.

Während es im Naturzustand kein verbindlich geltendes Recht und folglich auch kein Eigentum geben kann, wird dieses mit der Etablierung eines absoluten Souveräns möglich. So wie aber der Souverän festlegen kann, was Recht und was Unrecht ist, so steht ihm ebenfalls auch das volle Verfügungsrecht über alles Eigentum zu, da es erst durch ihn erschaffen wird. Das bedeutet für die praktisch-politische Seite vor allem, dass nach Hobbes das Besteuerungsrecht allein beim Souverän liegt. Mit diesen Überlegungen bezog Hobbes Stellung zu einer der brisantesten Kontroversen am Vorabend der englischen Revolution. Das englische Parlament beanspruchte nämlich ein entscheidendes Mitspracherecht beim Steuerrecht. Hobbes zufolge aber ist die Souveränität unteilbar; dem englischen Parlament kam nach seinem Verständnis nur eine beratende Funktion zu. Bereits in den *Elements of Law*, die unmittelbar nach der Auflösung des sogenannten *short Parliament* (kurzes Parlament) in handschriftlichen Kopien zirkulierten[42], heißt es hierzu in unmissverständlicher Eindeutigkeit, dass Steuern nichts anderes seien als der Preis, den man dem Souverän für die Friedenssicherung zu zahlen habe. Hobbes' Souveränitätstheorie zeigt damit in der Steuerfrage zwar eine klare royalistische Position, aber sie geht in ihrer Radikalität doch weit über diese spezifische politische Streitfrage ihrer Zeit hinaus.[43]

Für Hobbes ist nicht nur das Eigentum von der souveränen Gewalt abhängig, auch gute und böse, gesetzliche und ungesetzliche Handlungen können als solche erst bestimmt werden, sobald der Souverän entsprechende Gesetze erlassen hat. Ohne Gehorsam gegenüber den vom Souverän verfügten Gesetzen kann es demnach keinen funktionsfähigen Staat geben, da das zuvor vertraglich garantierte Recht des Herrschers nutzlos wäre und »also überhaupt kein Staat begründet werden würde« (Vom Bürger, 140). Die umfassende Souveränität, die in Hobbes' theoretischer Begründung sowohl die vertragliche Zustimmung der Bürger zu ihrer Errichtung als auch deren Gehorsam zu ihrer Bewahrung voraussetzt, ist daher nicht nur in ihrem Herrschaftsanspruch absolut, sondern auch in ihrer Begründung. Möglichen Vorbehalten gegen eine derartig umfassende staatliche Herrschaft versucht

Hobbes im *Leviathan* zu begegnen. Obwohl man einwenden könne, dass die Untertanen sich in einer elenden Lage befänden, da sie der Willkür derjenigen völlig ausgesetzt seien, die die Staatsmacht innehätten, müsse man doch bedenken, dass das Leben nie völlig frei von Unannehmlichkeiten sein könne. Vor allem aber müsse man zugestehen, dass die größte Unannehmlichkeit, »die in jeder Regierungsform dem Volk gewöhnlich zustoßen mag, kaum fühlbar ist, wenn man sie mit dem Elend und den schrecklichen Nöten vergleicht, die ein Bürgerkrieg oder die Zügellosigkeit herrenloser Menschen ohne Unterwerfung unter Gesetze und unter eine Zwangsgewalt, die ihre Hände von Raub und Rache abhält, mit sich bringen« (Leviathan, 144).

Hobbes wiederholt hier erneut seine grundsätzliche Überzeugung, dass es im wohlverstandenen Eigeninteresse jedes Einzelnen liege, sich mit den möglichen Nachteilen und Einschränkungen innerhalb eines Staates abzufinden, da die Alternative der wilden Freiheit des Naturzustands keinesfalls vorzuziehen sei. Es ist nicht selbstverständlich, so Hobbes, dass die Menschen dies auch erkennen, da sie zu sehr durch ihre Leidenschaften und Eigenliebe bestimmt sind, »durch die jede kleine Abgabe als große Belastung erscheint« (Leviathan, 144). Ein angemessenes Verständnis der Moral- und Staatsphilosophie, wie Hobbes es in seinen Schriften entwickelt, würde es den Menschen erlauben, ihre kurzsichtigen Urteile zu revidieren. Sie würden so erkennen, welche »elenden Zustände (...) über ihnen hängen und ohne diese Abgaben nicht abgewendet werden können« (Leviathan, 144). Damit scheint eine völlige Unterwerfung der Untertanen unter den Souverän nicht nur aus der Notwendigkeit der staatlichen Herrschaft begründet, sondern auch psychologisch abgesichert. Bemerkenswert ist in diesem Zusammenhang auch, dass Hobbes sowohl die Moral- als auch die Staatsphilosophie als entscheidend zum richtigen Verständnis hervorhebt. John Locke hat bereits sehr früh einige der bis heute immer wieder formulierten Vorbehalte angemeldet. Für ihn haben »es die Menschen im Naturzustand doch viel besser« als unter der Herrschaft eines Monarchen.[44] Das Unrecht, das man in einem Staat erfahren kann, konnte aber nach Hobbes' Vorstellung nicht größer sein als der rechtlose Zustand der wilden Freiheit.

Diese Argumente scheinen jegliche Art eines Widerstandsrechts auszuschließen. Da aber die theoretische Begründung staatlicher Souveränität von der Paradoxie des Naturzustands mit dem Recht eines jeden auf alles ausgeht, ist der begründungstheoretische Konflikt in Hobbes' Rechtslehre vorherbestimmt. Das Widerstandsrecht stellt Hobbes' absolutistische Souveränitätstheorie eindeutig infrage. Denn letztlich behauptet er, dass die staatliche Herrschaft so lange Gehorsam von jedem Einzelnen einfordern könne, wie sie dessen Leben und Sicherheit garantiere. Sobald jedoch der Einzelne sich bedroht sieht, hat er das Recht der Selbstverteidigung. Bereits im *Libertas*-Teil hat Hobbes gezeigt, dass es gegen die Natur eines Vertrags verstoßen würde, sich zu etwas zu verpflichten, was mit dem grundlegenden Gebot der Selbsterhaltung nicht vereinbar sei. Der Gehorsam gegenüber dem Souverän findet daher hier seine Grenze. Auch wenn Hobbes zufolge jeder Mensch grundsätzlich die Unterwerfung unter einen Souverän wollen muss, so räumt er doch ein, dass es offensichtlich im Einzelfall Gründe gibt, sich dennoch gegen diese Unterwerfung zu entscheiden. Ein Vertrag, der vorsieht, sich nicht mit Gewalt gegen Gewalt zu verteidigen, ist demnach immer nichtig. Es könne nicht erwartet werden und sei auch völlig widersinnig, dass ein Mensch sein Recht, sich vor Tod, Verletzung oder Gefangenschaft zu bewahren, übertrage oder darauf verzichte. Das »Vermeiden dieser Gefahren ist nämlich der einzige Zweck jeden Rechtsverzichts, und deshalb überträgt das Versprechen, einer Gewalt keinen Widerstand zu leisten, in keinem Vertrag ein Recht, noch ist es verpflichtend« (Leviathan, 107).

Hobbes legt aber im Einzelnen dar, in welcher Situation und welche Art Widerstand gegen die staatliche Herrschaftsge-

walt zulässig ist. Der Befehl zur Selbsttötung oder zur Tötung von Verwandten etwa braucht nicht befolgt zu werden. Hobbes manövriert sich mit diesen Überlegungen in eine schwierige Lage: So richtig es erscheint, dass – aus psychologischen Gründen – keiner zu etwas verpflichtet werden kann, was ihm selbst schaden würde, und zwar auch dann nicht, wenn er eine vertragliche Einverständniserklärung abgibt, so ist damit doch die Rechtsantinomie des Naturzustands letztlich wieder herbeigeführt worden. Die absolutistische Souveränitätstheorie, die die Überwindung der paradoxen Freiheit des Naturzustands – ausgehend von einem »Recht auf alles« und dem Recht zur Selbsterhaltung – leisten soll, kann dieses Problem offenbar nicht lösen. Denn der Vorbehalt, dass jeder im Moment persönlicher Gefährdung wieder sein Recht auf Selbsterhaltung, auch gegenüber der staatlichen Herrschaft, berechtigterweise geltend machen kann, lässt jederzeit die Möglichkeit zu, dass das staatlich gesetzte und garantierte Rechtsverhältnis wieder aufgelöst wird.
Es ist allerdings Hobbes' Verdienst, dass er diese Argumentation in einer bis dahin so nicht gekannten und auch nur selten wieder erreichten Konsequenz durchdacht hat. Er zeigt hier in aller Deutlichkeit das Spannungsverhältnis auf, das zwischen der Freiheit und der Notwendigkeit von Herrschaft zum Schutz besteht. Auch wenn es ihm letztlich nicht gelungen ist, diese Problematik vollständig aufzulösen, so kommt ihm doch schon allein deswegen eine nicht zu unterschätzende Bedeutung zu. Er hat die Rechtsphilosophie immerhin bis zu diesem entscheidenden Punkt vorangetrieben, von dem jedes weitere Philosophieren über das Verhältnis von Freiheit und Herrschaft auszugehen hat.
Offenbar ist sich Hobbes dieser Schwachstelle seiner Souveränitätstheorie, die sich zwangsläufig aus seinen eigenen Prämissen ergeben muss, bewusst. Auch wenn er das Recht des Einzelnen zur Selbstverteidigung und damit auch ein Widerstandsrecht gegen den Staat ausdrücklich anerkennt, so leugnet er doch ein politisches Widerstandsrecht des Vol-

kes. Die diesbezügliche Argumentation ist erneut aufs Engste mit seiner Souveränitätslehre verknüpft: Nur durch die staatlich verfasste Gesellschaft kann aus einer Menschenmenge eine Rechtsperson werden. Das bedeutet, dass die Menschen nur durch den Souverän, der ja durch ihren Vertragsschluss erst geschaffen wird, ihren einheitlichen Willen artikulieren können. »Eine Menge von Menschen wird zu *einer* Person gemacht, wenn sie von einem Menschen oder einer Person vertreten wird und sofern dies mit der besonderen Zustimmung jedes einzelnen dieser Menge geschieht. Denn es ist die *Einheit* des Vertreters, nicht die *Einheit* der Vertretenen, die bewirkt, daß eine Person entsteht.« (Leviathan, 125 f.) Mit dieser Theorie der Repräsentation schließt Hobbes ein Widerstandsrecht des Volkes gegen den Souverän aus. Wird nämlich das Volk nur durch den Souverän zur einheitlich agierenden Rechtsperson, kann es schlichtweg nicht gegen die Voraussetzung seiner Willensartikulation Widerstand leisten. Diese sehr abstrakte theoretische Argumentation bedarf für die politische Praxis selbstverständlich weiterer Absicherungen, um wirksam werden zu können. Eindeutig aber wendet sich Hobbes gegen die ständische Lehre, die von einem Widerstandsrecht des Volkes bei einem Machtmissbrauch seitens des Souveräns ausgeht.[45] Obwohl es also durchaus Ansätze zur Rechtfertigung von individuellem Widerstand – oder treffender: Ungehorsam – in Hobbes' Lehre gibt, wäre es völlig verfehlt, eine politische Widerstandslehre in seiner Rechtsphilosophie ausmachen zu wollen. Genau das wollte er ja mit seinen Schriften verhindern.[46]

Hobbes diskutiert das Recht auf Widerstand im Kontext der staatlichen Souveränität und der Freiheit des Einzelnen. Nach seinem Verständnis ist gesicherte Freiheit nur innerhalb des Staates gegeben. Dies bedeutet jedoch nicht, dass Hobbes alle Belange des gesellschaftlichen Zusammenlebens durch den Souverän reguliert und vorgeschrieben sehen will. Das 21. Kapitel des *Leviathans* handelt »von der Freiheit der Untertanen«, und Hobbes erklärt hier ausdrücklich, dass es auf der ganzen Welt niemanden gebe, der alle menschlichen Handlungen durch Vorschriften regle. Dies sei schlicht unmöglich. Daraus folgt für Hobbes, dass die Menschen »in allen vom Gesetz nicht geregelten Gebieten die Freiheit besitzen, das zu tun, was sie aufgrund ihrer eigenen Vernunft für das Vorteilhafteste halten« (Leviathan, 165). Das Ausmaß dieser Freiheit ist nicht zu unterschätzen. In der überregulierten und durchorganisierten Welt, in der wir leben, scheint es nur noch wenige Bereiche zu geben, die nicht durch Gesetze und Vorschriften geregelt sind. In der Mitte des 17. Jahrhunderts war dieser ungeregelte Freiheitsbereich aber um ein Vielfaches größer. Eine absolute Herrschaftsgewalt des Staates bedeutet für Hobbes gerade nicht, dass der Staat allgegenwärtig und allmächtig präsent sein muss. Seine Aufgabe ist es, Sicherheit und Rechtsfrieden zu garantieren, und hierfür sollen und müssen ihm nach Hobbes alle erforderlichen Mittel zur Verfügung stehen. Es liegt aber weder im Interesse des Staates noch der Bürger, diese Machtmittel auch dann auszuüben, wenn dazu keine Notwendigkeit besteht.

Der Forderung nach absoluter Souveränität korrespondiert daher die Hoffnung, dass es zur Erlangung des eigentlichen Staatsziels – Recht und Frieden – gar nicht nötig sein wird, Zwangsmittel einzusetzen. Entscheidend ist, dass Hobbes den Gebrauch der Freiheit außerhalb der staatlich verfassten Gesellschaft als freiheitsgefährdend erweist und daher die unbedingte Unterwerfung der Einzelnen unter den Souverän als Voraussetzung ihrer bürgerlichen Freiheit begründet. Damit widerspricht seine Staatsrechtslehre ausdrücklich den Theorien, die nur ein eingeschränktes oder bedingtes Recht der staatlichen Herrschaft anerkannten und »der Unterordnung des Inhabers der Staatsgewalt unter das natürliche oder von Gott gegebene Recht durch ein Widerstandsrecht des Volkes Rechnung trug[en], das bei naturrechtswidriger Herrschaftsausübung in Kraft trat und als dessen Subjekt zumeist die ständischen Körperschaften verstanden wurden«[47].

Für Hobbes schließt die unteilbare und absolute Souveränität jegliches politische Widerstandsrecht des Volkes aus. Demnach ist es nur dem Einzelnen in unmittelbarer persönlicher Gefahr erlaubt, sich der staatlichen Gewalt zu widersetzen. Die Staatsgründung selbst war letztlich nur dadurch denkbar, dass »jeder sein Recht des Widerstands aufgegeben hat« (Vom Bürger, 129). Hobbes erörtert, wann der Gehorsam gegenüber dem Souverän vom Einzelnen rechtmäßig verweigert werden könne, nicht aber wann ein gesellschaftliches Widerstandsrecht zulässig sei. Letzteres lehnt er ausdrücklich ab, für Hobbes gibt es nur ein individuelles Selbstverteidigungsrecht. »Hobbes hat sich genauso wie Kant gehütet, die widerstandsrechtliche Problematik mit der Frage des Selbstverteidigungsrechts zu vermengen. Widerstandsrecht und Selbstverteidigungsrecht stehen zueinander wie Leviathan und Kriegszustand: Besteht ersterer, gilt absolute Gehorsamspflicht, herrscht jener, dann besteht ein Selbstverteidigungsrecht. Dieses ist weder eine Schwundstufe des Widerstandsrechts noch kann es als Grundlage expandierender widerstandsrechtlicher Befugnisse dienen.«[48]

Die Begründung der staatlichen Souveränität und damit der staatlichen Ordnung wird aber bereits durch das individuelle Recht auf Selbstverteidigung infrage gestellt, da dieses mit dem absoluten Recht des Souveräns unvereinbar ist. Die Rechtsantinomie des Naturzustands reproduziert sich somit in dem Moment, in dem der Einzelne für sich das Recht auf Selbstverteidigung in Anspruch nimmt. Nach Hobbes ist das staatliche Herrschaftsrecht zwar schrankenlos, aber die Gehorsamspflicht der Untertanen wird durch den Vorbehalt des individuellen Selbstverteidigungsrechts gelockert.

Hobbes betont einerseits den Unterschied zwischen absoluter Herrschaft und bedingtem Gehorsam ausdrücklich, hält aber andererseits daran fest, dass durch die Einschränkung des Gehorsams die Herrschaft nicht nutzlos werde. (Vgl. Vom Bürger, 140) Dies trifft jedoch nur so lange zu, wie es sich um Einzelfälle der Gehorsamsverweigerung handelt.

Wie aber die Trennlinie zwischen individuellem Ungehorsam und kollektivem Widerstand tatsächlich begründet werden kann, wird von Hobbes nicht gezeigt.
Durch diese Ungenauigkeit wird nun aber nicht nur Hobbes' Fundierung seiner Souveränitätstheorie durch den Vorbehalt des Selbsterhaltungsgebotes grundsätzlich infrage gestellt. Im 18. Kapitel des *Leviathans* diskutiert Hobbes den durch Vertrag gegründeten Staat und erörtert ausführlich »alle *Rechte* und *Befugnisse* dessen oder derer (...), denen die höchste Gewalt durch die Übereinstimmung des versammelten Volkes übertragen worden ist« (Leviathan, 136). Dazu gehört für Hobbes offensichtlich auch, dass »dem Souverän (...) die Gewalt übertragen« wird, gemäß dem von ihm erlassenen Gesetz »jeden Untertanen mit Reichtum und Ehren zu belohnen und mit Körper- oder Geldstrafen oder Schande zu bestrafen« (Leviathan, 141). Unabhängig vom Selbsterhaltungsgebot geht Hobbes also zunächst einmal davon aus, dass der geschlossene Vertrag zur Begründung des Staates dem Souverän auch das Strafrecht über die Bürger einräumt. Eine Begründung für dieses Recht gibt Hobbes an dieser Stelle nicht, er führt es im Kontext der Souveränitätsrechte schlicht mit auf. Schließlich wird die Strafgewalt von Hobbes im 28. Kapitel des *Leviathans* als das entscheidende und notwendige Instrument zur Sicherung der Rechtsordnung bezeichnet. »Strafe« definiert er nun als »ein Übel, das die öffentliche Autorität demjenigen auferlegt, der getan oder unterlassen hat, was diese Autorität als Gesetzesübertretung beurteilt, und zwar zu dem Zweck, den menschlichen Willen zum Gehorsam anzuhalten« (Leviathan, 237).
Die Strafgewalt des Souveräns bildet neben seiner Kompetenz, Recht zu schaffen, seine zentrale und konkrete politische Macht zur Verteidigung der Rechtsordnung des Staates in Hobbes' Staatslehre. Die Begründung der Strafgewalt, bei gleichzeitiger Anerkennung des individuellen Selbstverteidigungsrechts, nimmt Hobbes also erst wesentlich später, im eigens von *Strafen und Belohnungen* handelnden 28. Kapitel

des *Leviathans* vor, und nicht, wie es doch nahegelegen hätte, bereits im 18. Kapitel. In den früheren Schriften *Elements of Law* und *De Cive* geht Hobbes gar nicht auf die Frage des Rechtsgrundes der Strafe ein. Er scheint sich der Notwendigkeit einer Begründung des Strafrechts erst im *Leviathan* wirklich bewusst zu sein. Dort wirft er die wichtige Frage auf, »durch welche Tür das Recht oder die Gewalt in allen Fällen zu strafen, hereingekommen ist« (Leviathan, 237). Hobbes' Ausführungen vermögen diese Schwierigkeiten nicht überzeugend zu lösen und die Antwort auf die von ihm selbst aufgeworfene Frage bleibt daher unbefriedigend. Er argumentiert bei der Begründung der Strafgewalt nicht mit der freien Selbstbindung des Individuums, das sich durch Vertrag in die Rechtsgemeinschaft des Staates integriert hat, sondern bezieht sich auf das ursprüngliche Recht des Naturzustands. Hobbes zeigt somit an dieser entscheidenden Stelle nicht, dass der Ursprung der Strafgewalt des Souveräns von jedem der Vertragschließenden gewollt werden muss, um überhaupt erst einen Staat zu ermöglichen. Vielmehr bedeutet der Vertragsschluss in diesem Zusammenhang nur, dass das Recht, anderen beizustehen, aufgegeben wird, während sich aber jeder zumindest noch sein Recht auf Selbstverteidigung bewahrt. Die bekannte Argumentation, dass es dem fundamentalen Interesse des Einzelnen zuwiderlaufen würde, dieses Recht auf Selbsterhaltung aufzugeben, wird hier von Hobbes wiederholt. Ganz eindeutig schreibt er, dass »das Strafrecht des Staates (...) auf keinem Zugeständnis oder einer Überlassung der Untertanen beruht« (Leviathan, 237). Damit wird die Möglichkeit der freiwilligen Selbstbindung zur Anerkennung staatlicher Strafgewalt ausgeschlossen. Die Untertanen können sich nach Hobbes keinesfalls zu einem derartigen Zugeständnis bereitfinden. Denn es »kann von niemandem angenommen werden, daß er vertraglich verpflichtet sei, der Gewalt keinen Widerstand zu leisten, und folglich kann man auch nicht sagen, er habe einem anderen das Recht gegeben, ihm Gewalt anzutun. Bei der Schaffung eines Staates gibt jeder das Recht auf, einen anderen zu verteidigen, aber nicht das Recht der Selbstverteidigung.« (Leviathan, 237) Das Recht auf Selbstverteidigung bleibt damit die Schwelle, die von keinem Menschen überschritten werden kann. Insofern muss das Recht zur Strafe zwangsläufig als Ausübung von Gewalt angesehen werden, die nun eben nicht mehr legitimiert werden kann.

Hobbes' Versuch, die Strafgewalt aus dem ursprünglichen Naturrecht zu begründen, kann nicht gelingen, weil die Rechtsantinomie durch diese Argumentation nicht durch den Staat aufgehoben werden kann, sondern dieser strukturelle Konflikt des *ipse-iudex*-Prinzips sich lediglich wiederholt. Der Staat wird hier sozusagen zur Partei und steht nicht mehr als Friedenswahrer über den widerstreitenden Interessen der einzelnen Konfliktparteien. Die entscheidende Schwachstelle von Hobbes' politischer Philosophie liegt eben darin, dass das Strafrecht des Souveräns nicht hinreichend begründet ist. Der jederzeit mögliche Rückfall in den Naturzustand muss die hobbessche Rechtslehre unterminieren. Die Paradoxie des Naturzustands bleibt erhalten, wenn Hobbes behauptet, dass das »Recht auf alles«, das vor Errichtung des Staates jedermann gehabt habe, nun »der Grund des in jedem Staat ausgeübten Strafrechts« sei. (Leviathan, 237) Dem Staat kommt demnach nämlich immer noch das »Recht auf alles« zu, während die Untertanen genau darauf verzichtet haben. Dieser Vertrag, das wiederholt Hobbes auch hier, hat dem Souverän keine neuen, zusätzlichen Rechte übertragen. Zwischen Souverän und Untertanen besteht ja gerade kein Vertragsverhältnis. So wurde das »Recht auf alles« allein dem Souverän »überlassen - nicht übertragen -, und zwar so vollständig, wie es im reinen Zustand der Natur und des Krieges eines jeden gegen seinen Nachbarn bestand« (Leviathan, 237). Die staatliche Strafgewalt wäre damit nur das allein dem Souverän verbliebene »Recht auf alles«, und es ist an dieser Stelle daher nach Hobbes gar nicht nötig, dass die Untertanen der Strafgewalt zustimmen, um sie zu begründen. Die Frage nach der Akzeptanz und Legitimation einer derart begründeten Strafgewalt durch die Untertanen, denen von ihrem »Recht auf alles« zumindest noch das individuelle Recht auf Selbstverteidigung geblieben ist, wird von Hobbes also gar nicht gestellt.

Hobbes hat ja explizit festgestellt, dass es eine legitimierende Zustimmung seitens der Untertanen gar nicht geben kann. Die Frage, wodurch die Strafgewalt im Staat Geltung erlangt, beantwortet er letztlich damit, dass es die Machtvollkommenheit des Staates sei. Nicht nur die tatsächliche Durchsetzung der Strafe, sondern auch deren philosophische Begründung wird damit auf eine reine Machtfrage reduziert. Da Hobbes die Kompetenz der Strafgewalt aus dem Naturzustand ableitet, ist das insofern auch nur konsequent. Bereits in den *Elements of Law* hat Hobbes ausdrücklich betont, dass »unwiderstehliche Macht im Stande der Natur Recht ist« (Naturrecht, 100). Rousseau hat diese Argumentation scharf kritisiert.[49]

Hobbes' Bemühen, die Staatslehre auf Rechtsprinzipien aufzubauen und nach diesen zu begründen, lässt sich unter der Prämisse des Selbstverteidigungsrechtes an diesem entscheidenden Punkt mit dieser Begründungsstrategie nicht aufrechterhalten. Es konnte nicht gelingen, den Nachweis zu führen, dass die staatliche Strafgewalt nach einem allgemeinen Rechtsprinzip mit dem individuellen Recht auf Selbstverteidigung in Übereinstimmung zu bringen sei. Dies bedeutet ferner, dass die Autorisierung des Souveräns, im Interesse der Untertanen stellvertretend zu handeln, nie ohne letzten Vorbehalt sein kann.[50] Das entscheidende rechtsphilosophische Defizit von Hobbes' Souveränitätstheorie besteht daher in dem von ihm nicht geleisteten Nachweis eines allgemeinen Rechtsprinzips zur Begründung der staatlichen Strafgewalt.[51] Dies muss zwangsläufig auch die staatliche Souveränität in ihrem Absolutheitsanspruch einschränken.[52]

Da die staatliche Herrschaft also letztlich von Hobbes nicht allein aus Rechtsprinzipien begründet wird, ist ihr zwangsläufig ein Moment der Willkür zu eigen. Der oft vorgebrachte Vorwurf, dass Hobbes' Souverän zu große Machtbefugnisse innehabe und daher zum Despotismus neigen würde, gewinnt seine Berechtigung vor allem aufgrund dieses strukturellen Problems. Die absolute Herrschaftsgewalt bedroht die Freiheit des Einzelnen, weil sie letztlich keiner Rechtsordnung unterliegt. Diese Problematik wird noch dadurch verschärft, dass der Souverän Hobbes zufolge selbst nicht an staatliche Gesetze gebunden ist.

Trotz dieser fundamentalen Problematik und der nicht aufzulösenden Spannung zwischen Souverän und Individuum in Hobbes' Rechtsphilosophie[53] ist sein Beitrag zur Diskussion des Strafrechts nicht zu unterschätzen.[54] Er hebt in seiner Argumentation vor allem auf den Strafzweck und nicht auf den Rechtsgrund der Strafe ab. Der Nachweis einer rechtsphilosophischen Begründung der Strafe scheint ihm insofern auch von geringerer Bedeutung zu sein, als er eben das Recht, zu strafen, bereits ganz allgemein als Teil der staatlichen Souveränitätsrechte auffasst. In *De Cive* ist nur von der funktionalen Bedeutung der Strafe die Rede gewesen, eine besondere Ableitung ihrer rechtsphilosophischen Fundierung hat Hobbes hier offensichtlich gar nicht für nötig befunden. Da nach Hobbes die Verträge allein nicht die nötige Sicherheit gewähren, muss »für die Sicherheit (...) durch Strafe gesorgt werden« (Vom Bürger, 133). Dieser funktionale Zweck der Strafe, Sicherheit im Staat herzustellen, indem durch die Androhung eines Übels die Bürger dazu gebracht werden, die Gesetze zu respektieren, ist ein moderner und zu Hobbes' Zeit keineswegs selbstverständlicher Aspekt des Strafrechts.[55] Dieser Gesichtspunkt genügt Hobbes in *De Cive* ausschließlich und im *Leviathan* doch hauptsächlich, um die Begründung für das Recht, zu strafen, zu liefern: »Wenn es somit für die Sicherheit der einzelnen und mithin für den gemeinen Frieden notwendig ist, daß das Schwert der Gerechtigkeit zum Vollzuge von Strafen einem einzelnen Menschen oder einer Versammlung übertragen werde, so gilt dieser

Mensch oder diese Versammlung notwendig als berechtigter Inhaber der höchsten Staatsgewalt. Denn wer Strafen nach seinem Ermessen *mit Recht* auferlegen kann, vermag *mit Recht* [meine Hervorhebungen] alle zu allem nach seinem Willen zu zwingen, und eine größere Herrschaft kann man sich nicht denken.« (Vom Bürger, 134) Hobbes geht also davon aus, dass mit der Schaffung des Souveräns diesem auch – aufgrund seines Zweckes, Frieden zu sichern – die Befugnis, zu strafen, *mit Recht* zukommt.

Diese Rechtsquelle wird aber an dieser Stelle nicht ausdrücklich benannt. Allerdings ist Hobbes' Argumentation hier durchaus konsistent. »Recht besteht in der Freiheit, etwas zu tun oder zu unterlassen.« (Leviathan, 99) Dem Souverän kommt damit die Freiheit zu, von seiner Macht in Form der Strafe Gebrauch zu machen. Diesem Recht korrespondiert aber keine Pflicht seitens der Untertanen. Hobbes hebt klar hervor, dass aus dem geschlossenen Vertrag zur Begründung des Staates keine korrespondierende Pflicht zur Akzeptanz einer von diesem auferlegten Strafe abgeleitet werden kann. Denn bereits in *De Cive* hat Hobbes, wie später erneut im *Leviathan,* betont, dass »niemand (...) durch irgendeinen Vertrag verpflichtet« werden könne, »dem, der ihn töten oder verwunden oder sonst verletzen will, keinen Widerstand zu leisten« (Vom Bürger, 94). Ausdrücklich bezieht Hobbes hier die Strafe in dieses Bedrohungsszenario ein. Deshalb wird man nach Hobbes nicht erwarten können, dass diejenigen, denen eine Strafe angedroht wird, diese einfach hinnehmen. Vielmehr werden sie versuchen zu fliehen oder sonst irgendwie der Strafe zu entgehen. Sie können daher »nicht als solche betrachtet werden, die durch einen Vertrag genügend verpflichtet sind, sich nicht zu widersetzen« (Vom Bürger, 94f.). Die Grenze der Selbstverpflichtung, die durch das naturrechtliche Gebot der Selbsterhaltung und das diesem korrespondierende Recht auf Selbstverteidigung bestimmt wird, kann also nicht durch Vertrag, und das heißt durch Selbstverpflichtung, überschritten werden.

Dem Souverän kommt die Befugnis, zu strafen, deswegen zu, weil der Zweck des Staates es nötig macht, dass er die Untertanen zwingen kann, die Gesetze zu befolgen und die von ihnen eingegangenen Verträge einzuhalten. Die im Naturzustand stets präsente Furcht besteht gerade deswegen im Staat nicht mehr, weil Sicherheit herrscht. Und diese ist nur deshalb wirklich verlässlich, weil sie nicht nur durch ein Übereinkommen der Untertanen, sondern durch die Gewalt des Staates garantiert wird. Sowohl der staatsbegründende Vertrag als auch alle in privaten Angelegenheiten geschlossenen individuellen Verträge genießen die Sicherung durch die Staatsgewalt. Diese Gewalt manifestiert sich in der Strafgewalt des Souveräns und ist nach Hobbes deswegen rechtmäßig. Denn aufgrund des angedrohten Zwanges durch die Strafen fällt »hier der Grund der Furcht, daß der andere [seinen Vertrag] nicht erfüllt, weg« (Vom Bürger, 91). Insofern wird man dann aber auch sagen können, dass Hobbes gar keinen eigenen Rechtsgrund für die Strafgewalt des Staates mehr herleiten muss, um diese als legitim zu begründen. Denn Rechtsbruch kann es nur bei zuvor vom Souverän erlassenen Gesetzen geben. Der Einzelne hat sich durch vertragliche Zustimmung bereit erklärt, diese Handlungen des Souveräns zu autorisieren. In diesem legitimierenden Akt ist die Konsequenz, dass jene, die die vom Souverän erlassenen Gesetze brechen, bestraft werden, mit inbegriffen. Es ist der Sinn der Gründung des Staates, diese zwangsbewehrte Rechtsstruktur zu schaffen.

Hobbes definiert »Gesetz« als »das Wort dessen (...), der *rechtmäßig* [by right] Befehlsgewalt über andere innehat« (Leviathan, 122). Im englischen Original heißt es auch an dieser Stelle »by right«, was daher hier ebenfalls – wie sonst zumeist auch geschehen – in der deutschen Ausgabe treffender als »mit Recht« zu übersetzen wäre. Denn die Befehlsgewalt besteht durch Vertrag mit Recht in dem Sinne, dass ihr hier nun Pflichten korrespondieren. Verstößt jemand gegen diese Pflichten, die im Einzelnen durch Gesetze bestimmt sind, besteht daher also für Hobbes durchaus konsequent ein Recht, zu strafen. Diese Ambivalenz des Verhältnisses von Recht und diesem korrespondierenden Pflichten in Hobbes' Argumentation wird man nicht völlig auflösen können. Sie erklärt sich aus Hobbes' Souveränitätstheorie, die es ihm letztlich nicht erlaubt, zuzugestehen oder auch nur den Eindruck zu erwecken, dass dem Souverän Rechte zukommen, die er nicht bereits aus eigener Machtvollkommenheit besessen hätte.

Hobbes konkretisiert das Gewaltmonopol des Staates, dem durch die Gewalt, zu strafen, ein wirksames Mittel an die Hand gegeben wird. Zugleich werden dadurch – für die frühe Neuzeit durchaus revolutionär – »Privatrachen« (Leviathan, 237) ausgeschlossen. Das bedeutet vor allem auch, dass Hobbes die bestehenden Feudalrechte grundsätzlich verneint. Ferner erklärt er in *De Cive* und deutlicher noch in *Leviathan*, dass es den Begriff der rechtmäßigen Strafe sinnvollerweise nur geben kann, wenn zuvor ein Gesetz erlassen wurde. Denn nur der Bruch bestehender Gesetze kann durch eine – ebenfalls bereits zuvor definierte – Strafe sanktioniert werden. »Die *Strafgesetze* geben an, welche Strafe über die Rechtsbrecher verhängt werden soll.« (Leviathan, 218) Wenn es keine Gesetze gibt, kann es auch keine Strafe geben. Die von Hobbes entwickelte Diskussion des Naturzustands wird somit in seiner Staatslehre konsequent fortgeführt. Die Kodifizierung der Straftatbestände ist für das Funktionieren des Staates als Friedenswahrer unerlässlich. Mit dieser Forderung werden zugleich der willkürlichen Herrschaftsausübung des Souveräns deutliche, auch für ihn rechtsverbindliche Grenzen gesetzt. Umgekehrt wird in dem Moment, in dem die Sicherheit des Einzelnen nicht mehr gegeben ist, die Unterwerfung unter den Souverän hinfällig, »denn Sicherheit ist der Zweck, weshalb die Menschen sich anderen unterwerfen, und wenn diese nicht erlangt werden kann, so gilt die Unterwerfung unter andere nicht als geschehen und das Recht der Selbstverteidigung nach eigenem Ermessen nicht

als verloren« (Vom Bürger, 133). Die Untertanen sind also nicht rechtlos gegenüber dem Souverän, da der Rückfall in den Naturzustand stets möglich bleibt.
Da sich aber alle dem Willen des Souveräns unterworfen haben, kann der Souverän gegenüber den Bürgern nicht verpflichtet sein. Denn durch die Unterwerfung ist der Wille der Bürger im Staatswillen bereits enthalten. Noch weniger kann der Staat durch die Gesetze gebunden sein, da dies nur bedeuten würde, dass er sich selbst verpflichtet wäre. »Deshalb ist der, dem die höchste Gewalt übertragen worden ist, weder durch die Gesetze des Staates gebunden (...) noch gegen einen Bürger verpflichtet.« (Vom Bürger, 141) Der Souverän unterliegt keiner anderen Verpflichtung als seinem eigenen Gewissen und den natürlichen Gesetzen. Ausdrücklich heißt es im *Leviathan*: »Die Aufgabe des Souveräns, ob Monarch oder Versammlung, ergibt sich aus dem Zweck, zu dem er mit der souveränen Gewalt betraut wurde, nämlich der Sorge für die Sicherheit des Volkes. Hierzu ist er kraft natürlichen Gesetzes verpflichtet, sowie zur Rechenschaft vor Gott.« (Leviathan, 255) Aber auch diese Bindung des Souveräns an das vorpositive Naturrecht und die in diesem enthaltenen natürlichen Gesetze, die gerade aufgrund des Fehlens einer souveränen Gewalt nur Ratschläge und keine erzwingbaren Gesetze waren, hat nur Verpflichtungskraft in *foro interno*. Deswegen unterliegt der Souverän letztlich nur seiner Gewissensbindung, über deren Reichweite zu entscheiden ihm allein zusteht. Die Untertanen haben nach ihrer Unterwerfung keinerlei Rechtsanspruch mehr, den Souverän zur Verantwortung zu ziehen. Der Souverän hobbesscher Prägung kann weder durch konstitutionelle noch durch positiv-rechtliche Restriktionen eingeschränkt werden, da es in der Machtvollkommenheit seiner Souveränität liegt, über diese selbst zu entscheiden und sie gegebenenfalls auch aufzuheben.
In der Begrenzung der souveränen Gewalt unterscheidet sich Bodins Souveränitätstheorie von derjenigen Hobbes', wiewohl durch die Bindung der Souveränität an die natürlichen

Gesetze zunächst auch für die hobbessche Souveränitätskonzeption eine Beschränkung gegeben scheint. Bodin hat sich in der Begründung souveräner Herrschaftsrechte bereits grundsätzlich von Aristoteles und der Scholastik abgewandt, sodass Hobbes sich hier ebenfalls auf Bodin beziehen kann. Die rechtslogischen, strukturellen Konflikte thematisiert Bodin allerdings nicht. Er verweist, wie Hobbes, auf die empirische Begründung souveräner Herrschaft, die vor allem auf Macht basiert. Wie später auch bei Hobbes liegt das Ziel souveräner Herrschaft für Bodin darin, den Menschen durch die staatlichen Gesetze ein Leben in Sicherheit zu gewährleisten.[56] Anders als Bodin kann sich Hobbes aber nicht ohne Weiteres auf die römisch-rechtliche Tradition von Recht und Herrschaft berufen. Im englischen Kontext war durch das Gewohnheitsrecht (*Common Law*) eine ganz andere Situation gegeben, da das Common Law in Konkurrenz zu den Souveränitätsrechten des Staatsoberhaupts treten konnte. Hobbes' Souveränitätstheorie musste ihn daher auch zu einem entschiedenen Gegner der englischen Rechtstradition des *Common Law* machen. Er entwickelt in seinem *Dialog über das englische Recht*, in dem die Person des Philosophen deutlich Hobbes' eigene Positionen vertritt, erneut seinen Rechtsbegriff. Er versucht diesen gegen das englische *Common Law* und die Ansichten des weithin berühmten Juristen Sir Edward Coke (1552–1643) abzugrenzen, der behauptet hat, dass das Gewohnheitsrecht und nicht der König die Rechtsordnung Englands bestimme.[57] Die Figur des Philosophen erklärt dagegen, »Sir Cokes Argument, der König hätte all seine richterliche Gewalt abgetreten, bedeutet nichts« (Dialog, 96). Die zweite Figur, der als Student bezeichnete Dialogpartner, ist ein in der Rechtswissenschaft erfahrener Mann, der daher als Rechtsgelehrter und nicht etwa als Student im deutschen Sinne angesehen werden muss. Er vertritt bis zu einem gewissen Grade die Positionen Cokes. Die Dialogform gebietet es, mit den Äußerungen, die sich im Text finden lassen, vorsichtig umzugehen, denn offensichtlich lässt sich nicht jede beliebige Stelle in gleicher Gewichtung als Hobbes' eigene Position identifizieren.

Dennoch wird Hobbes' zentrale Ansicht gleich zu Beginn des Dialogs deutlich, wenn es ganz eindeutig gegen die englische Tradition des *Common Law* heißt, es sei »ja nicht die Weisheit, sondern die Autorität, die ein Gesetz zum Gesetz macht« (Dialog, 42f.). Entschieden wendet sich dieser Satz gegen die zentrale Auffassung des Gewohnheitsrechts, dass Recht durch den Bezug auf Präzedenzentscheidungen und nach eingebürgertem Usus zu sprechen sei, wobei auch der Rückgriff in die entfernteste Vergangenheit nicht ausgeschlossen war. Zwangsläufig hatte sich so eine Ansammlung von sich zunehmend auch widersprechenden Präzedenzfällen ergeben, die – wenn überhaupt – nur noch durch die gelehrten Juristen überblickt werden konnte. Es waren damit die Juristen, die aus Kenntnis der überlieferten Rechtsgeschichte Recht sprechen und damit auch zugleich Recht schaffen konnten, indem sie mit ihrer Entscheidung unter Umständen neue Präzedenzfälle schufen. Der Protagonist des *Common Law* führt dies ausdrücklich aus, denn das Recht Englands sei »durch so viele Abfolgen von Zeitaltern durch eine unendliche Zahl von bedeutenden und gelehrten Männern verfeinert und vollendet worden« (Dialog, 53).

Während des englischen Bürgerkriegs konnte das *Common Law* von den verschiedenen Konfliktparteien unterschiedlich ausgelegt und jeweils für ihre eigenen Interessen instrumentalisiert werden. Insofern verschäfte es die Konfliktsituation eher, als dass es sie aufgrund eines Rechtsspruchs zu lösen vermocht hätte. Hobbes behauptete daher, dass nur der Souverän, dem die legislative Gewalt zukomme, Recht schaffen könne. Die Rechtspraxis, Recht durch Richtersprüche fortzuschreiben und damit zu schaffen, wie es das *Common Law* vorsah, war für Hobbes keinesfalls akzeptabel, und er wandte sich vehement gegen diese Art der Rechtschöpfung.

Im *Leviathan* hat Hobbes seinen mit dem *Common Law* konkurrierenden Rechtsbegriff entwickelt und folgendermaßen definiert: »Die bürgerlichen Gesetze sind Regeln, die der Staat jedem Untertanen durch Wort, Schrift oder andere ausreichende Willenszeichen befahl, um danach Recht und Unrecht (...) zu unterscheiden.« (Leviathan, 203) Mit dieser Definition wendet sich Hobbes gegen die Annahme Cokes und allgemein die Tradition des *Common Law*. Es waren nicht die Richter, sondern der Souverän, der durch ausdrückliche öffentliche Bekanntmachung Gesetze festlegte, nach denen Recht gesprochen werden sollte. Da Hobbes aber zugestand, dass die Richter auch nach dem *Common Law* urteilen konnten, musste er dieses begründen, wenn er die Souveränität des Herrschers als letzter entscheidungsbefugter Instanz nicht infrage stellen wollte. Sein Argument schien denkbar einfach, barg aber einen Widerspruch. Hobbes behauptete zweierlei: Zum einen sei es wichtig, zu erkennen, dass der Souverän sein Recht nicht abgetreten habe, sondern nur andere als seine Stellvertreter mit bestimmten Aufgaben betraut habe. Sir Edward Cokes Position sei deswegen nicht haltbar. Zum anderen erklärte Hobbes, und hier gerät er mit sich selbst in Widerspruch, dass der Souverän sein stillschweigendes Einverständnis dazu gegeben habe, dass die Richter sich in ihren Entscheidungen nach dem *Common Law* richten würden, sofern er nicht aus seiner Machtvollkommenheit heraus die Gesetze ausdrücklich aufhebe. Das heißt, das *Common Law* gelte so lange, wie der Souverän nichts Gegenteiliges verfüge. Die grundsätzliche Suprematie des Souveräns schien somit gewahrt. Wenn der Souverän aber die Gesetze des *Common Law* durch Nichtaufhebung sanktionieren konnte, dann übte er sein Gesetzgebungsrecht durch Schweigen aus. Wie diese Art der Gesetzgebung sich mit der oben zitierten Definition verträgt, ist nicht auszumachen. Es ist nicht einzusehen, dass das Schweigen des Souveräns einer Bekanntmachung durch Wort, Schrift oder andere ausreichende Willenszeichen entspricht.

Dieser Widerspruch erklärt sich daraus, dass es Hobbes letztlich nicht um eine Erörterung des *Common Law* geht, sondern um den Nachweis der absoluten, ungeteilten Souveränität, die er durch die Rechtspraxis des *Common Law* gefährdet sieht. Sobald Hobbes aber das *Common Law* zulässt, kann seine Argumentation nicht mehr konsistent sein, auch wenn dies zunächst den Anschein hat. Der *Dialog* ist daher auch vor allem als ein Versuch von Hobbes zu sehen, seine eigene Auffassung gegenüber der Kritik durch die Theoretiker des *Common Law*, und hier insbesondere Edward Coke, zu rechtfertigen. Das kaum überraschende Ergebnis seiner Erörterung des *Common Law* ist denn auch, dass »der König alleiniger Gesetzgeber ist (...) [und auch] der einzige oberste Richter sein sollte« (Dialog, 63). So wie jede Art der Gewaltenteilung der Souveränitätskonzeption widerspricht, darf nach Hobbes auch das *Common Law* nicht in Konkurrenz zur staatlichen Souveränität treten, sondern muss dieser untergeordnet bleiben.

Hobbes' Annahme, dass nur eine mit Zwangsrechten ausgestattete Herrschaft Recht schaffen und sichern könne, ist das Grundmotiv für seine absolutistische Staatslehre, die ihn zwangsläufig zu einer rechtspositivistischen Position führt. Die Gefahr des Rechtspositivismus liegt dabei in der Willkür der rechtsetzenden Instanz, und gerade hieran macht sich zumeist die Kritik an Hobbes' Souveränitätstheorie fest. Für ein Widerstandsrecht ist in der hobbesschen Souveränitätskonzeption kein Spielraum. So bleibt, wie Locke kritisch vermerkt, das Problem, dass aufgrund der theoretisch erwiesenen Notwendigkeit einer absoluten Herrschaft einem Machtmissbrauch seitens des Souveräns nicht gegengesteuert werden kann, wenn das System nicht wieder aufgegeben werden soll. Hobbes versucht seine Rechtslehre auf Rechtsprinzipien aufzubauen. Der Unmöglichkeit, diese zur Fundierung seiner Rechtslehre auch dort zu entwickeln, wo zwei widerstreitende Annahmen miteinander kollidieren, begegnet er mit der geradezu notorischen Forderung nach absoluter staatlicher Souveränität.

Dennoch steht er der Möglichkeit des Missbrauchs staatlicher Macht nicht gleichgültig gegenüber. Im Gegenteil: Der Ausgangspunkt seiner Rechtsphilosophie ist ja das Individuum und dessen Recht auf Selbsterhaltung. Weil ihn das, wie wir gesehen haben, immer wieder in argumentative Schwierigkeiten und Widersprüche führt, will er die Souveränität auch auf der psychologischen Ebene, so weit es eben möglich ist, absichern. Die verschiedenen widerstreitenden Meinungen stellen für ihn eine Gefahr für die Existenz der staatlichen Ordnung dar. Deswegen muss hier angesetzt werden, denn »da der geistige Kampf der heftigste ist, folgt weiter, daß die größten Uneinigkeiten aus diesem Streit entstehen müssen. (…) Eine Bestätigung hierfür ist, daß keine Kriege heftiger geführt werden als die zwischen den verschiedenen Sekten *einer* Religion.« (Vom Bürger, 80) Damit verweist Hobbes bereits im 1. Kapitel von *De Cive* darauf, dass jede Rechtsphilosophie, die beansprucht, eine staatliche Ordnung zu begründen, auch auf den religiös motivierten Meinungsstreit eine Antwort zu finden habe. Hobbes lebte im Zeitalter der konfessionellen Glaubenskriege, insofern war diese Frage für ihn geradezu existenziell.

3. Staatslehre und Religion

Um Frieden und eine gesicherte Ordnung herzustellen, muss für Hobbes der entscheidende Grund für die in der Gesellschaft virulenten Konflikte beseitigt werden. Aufruhr ist bereits durch das für ihn durchaus ambivalente Sprachvermögen der Menschen potenziell immer präsent. Denn »die Zunge des Menschen ist (...) gleichsam die Trompete des Krieges und des Aufruhrs, und von Perikles erzählt man, daß er einmal durch seine Volksreden gedonnert, und Blitze geschleudert und ganz Griechenland in Verwirrung gebracht habe« (Vom Bürger, 127). Der Souverän muss regulierend in die öffentlichen Auseinandersetzungen eingreifen, um diese zu verhindern und damit Frieden und Sicherheit zu ermöglichen. Die einzelnen Menschen nämlich folgen nicht immer der Vernunft und stellen so durch aufrührerische und zersetzende Meinungen die staatliche Ordnung infrage.

Im 15. Kapitel des *Leviathans*, in dem er die natürlichen Gesetze erörtert, nimmt Hobbes diese Thematik von *De Cive* noch einmal ausdrücklich auf. »Narren sagen sich insgeheim, so etwas wie Gerechtigkeit gebe es nicht, und bisweilen sagen sie dies auch offen.« (Leviathan, 111) Hobbes' Diskussion des Narren hat innerhalb der Hobbesforschung zu lebhaften Diskussionen geführt[58], deutlich wird hieran vor allem die Bedeutung, die er dem Meinungsstreit zugemessen hat. Denn Hobbes zufolge glaubt der Narr, dass jeder für sich selbst sorgen könne, sodass »das Halten oder Nichthalten von Verträgen nicht wider die Vernunft [sei], wenn es einen Vorteil einbringe« (Leviathan, 111). Der Narr leugne auch die Existenz Gottes. Weder Verträge noch die Ehrfurcht vor Gott seien daher geeignet, sein Verhalten zu beeinflussen. Hobbes' Rechtsphilosophie macht es sich damit zum Ziel, für diese egoistischen Menschen eine Ordnung für das Miteinander zu entwerfen. Im Rahmen dieser Ordnung dürfen die Menschen dann nicht aufgewiegelt werden. Wenn sich Narren öffentlich gegen Verträge aussprechen, machen sie sich aus Hobbes' Sicht zu Feinden des Allgemeinwohls.[59]

Inwiefern nimmt nun die Religion auf die staatliche Ordnung Einfluss? Hobbes betont im *Leviathan* ausdrücklich die Bedeutung der Heiligen Schrift für die von ihm entwickelte Philosophie über »Stoff, Form und Gewalt eines kirchlichen und bürgerlichen Staates«, wie es im Untertitel seines Werkes heißt. Nicht nur der Titel und die Struktur seines Hauptwerkes legen dies nahe – immerhin handeln der dritte und vierte Teil explizit von der Heiligen Schrift und ihrem Verhältnis zum Staat –, sondern auch Anfang und Ende des *Leviathans* lenken die Aufmerksamkeit des Lesers auf diesen Sachverhalt. Im Widmungsschreiben des *Leviathans*, also an einer Stelle, die einer gewissen Aufmerksamkeit sicher sein kann, geht Hobbes auf das Verhältnis seiner Philosophie zur Heiligen Schrift ein: »Was vielleicht am meisten Anstoß erregen wird, sind gewisse Stellen der Heiligen Schrift, die von mir zu einem anderen Zweck zitiert wurden, als dies gewöhnlich von anderen getan wird.« (Leviathan, 3) Diese Behauptung ist vor allem deswegen bemerkenswert, weil Hobbes während seiner gesamten Argumentationsführung im *Leviathan* für sich in Anspruch nimmt, die Heilige Schrift adäquat und wahrheitsgetreu zu interpretieren. Hobbes' Anliegen ist es, zu beweisen, dass das Seelenheil und die (irdische) Freiheit gleichermaßen vom Gehorsam gegenüber dem Souverän abhängen. Er verfolgt im *Leviathan* nun unterschiedliche Strategien, um die Menschen davon zu überzeugen, dass sie ihr eigenes Urteil – im Interesse der Selbsterhaltung und der Etablierung staatlicher Souveränität – aufgeben sollten.

Hobbes wirft nicht nur dem Klerus, sondern allen Autoren, die sich auf die Heilige Schrift berufen, vor, sie würden Zitate sinnentstellt aus der Bibel herausklauben und damit nicht der Wahrheit, sondern nur ihren eigenen Interessen dienen.

Dieser Streit um Dogmen, die beanspruchen, zur Erlangung des ewigen Seelenheils unabdingbar zu sein, unterminiert für Hobbes in gefährlicher Weise den zivilen Frieden. Das ist der Grund, warum er einen so bemerkenswerten Aufwand betreibt, um das Verhältnis zwischen Individuum, Heiliger Schrift und Souverän endgültig zu klären. Er behauptet nichts Geringeres, als dass seine Interpretation der Heiligen Schrift die einzig angemessene sei und jede fahrlässige und zu Irrtümern neigende Instrumentalisierung der Bibel vermeide. Hobbes will, so schreibt er, nicht irgendeinen eigenen Standpunkt vortragen, sondern nur die Folgerungen zeigen, die man aus »den Grundsätzen der christlichen Politik (was die Heiligen Schriften sind) zur Stärkung der Gewalt der bürgerlichen Souveräne [*Civill Soveraigns* wäre treffender mit *staatlichen Souveräne* zu übersetzen] und der Pflicht ihrer Untertanen ableiten kann« (Leviathan, 459). Hobbes trägt hier seine grundsätzliche Kritik am Klerus und an anderen Autoren vor, die sich der Bibel für ihre aufwieglerischen Absichten bedienen. Jene, »die sich auf einzelne Stellen versteifen, ohne den Hauptzweck in Betracht zu ziehen, können aus ihnen nichts klar ableiten, sondern werfen Schriftatome wie Staub vor die Augen der Menschen und machen dadurch eher alles dunkler als es ist - ein üblicher Kunstgriff derer, die nicht die Wahrheit, sondern ihren eigenen Vorteil suchen« (Leviathan, 459).

Wenn wir Hobbes jedoch an seinen eigenen Maßstäben messen, wird deutlich, dass auch er willkürlich ausgewählte Stellen der Bibel vorträgt, um seine Position zu vertreten. Beinahe beliebig scheint er verschiedene Stellen aus der Bibel zu zitieren, ungeachtet ihres ursprünglichen Kontextes und ihres heilsgeschichtlichen Argumentationsgangs. Im 20. Kapitel werden zum Beispiel »die Rechte der Monarchie aus der [Heiligen] Schrift«[60] in geradezu willkürlicher Weise durch Zitate aus Exodus, Samuel, dem Buch der Könige, Matthäus, Titus und der Genesis belegt. Streut also auch Hobbes den Menschen nur Bruchstücke der Heiligen Schrift wie Staub in die Augen, wie er es seinen im politischen Streit engagierten Zeitgenossen vorwirft?

Die gesamte Argumentationsführung des *Leviathans* zielt darauf ab, dem weltlichen Souverän auch gegenüber der Kirche eine eindeutige Vorherrschaft zuzusprechen. Hobbes behauptet schlicht, dass das Ziel der Friede sei und er von diesem und nicht von irgendwelchen Partikularinteressen geleitet werde. Dies wurde bereits in den *Elements of Law* und *De Cive* an prominenter Stelle klar formuliert. So heißt es im Vorwort in *De Cive*, dass seine Lehre »nicht im Interesse einer Partei, sondern des Friedens« (Vom Bürger, 74) entwickelt worden sei. Seine Bezüge auf die Heilige Schrift sind also nicht durch den eigenen Vorteil oder andere Sonderinteressen bestimmt, sondern von dem übergeordneten Ziel des Friedens und des Allgemeinwohls – und vom Frieden handle eben auch die Bibel mit ihren Grundsätzen für die christliche Politik.

Hobbes macht sich häufig bekannte Argumentationsmuster der Protestanten zu eigen, von denen er aber auch immer wieder völlig unorthodox abweicht. Die wohl am häufigsten zitierte Bibelstelle zur Rechtfertigung weltlicher Souveränität findet sich im Römerbrief: »Jeder leiste den Trägern der staatlichen Gewalt den schuldigen Gehorsam. Denn es gibt keine staatliche Gewalt, die nicht von Gott stammt; jede ist von Gott eingesetzt. Wer sich daher der staatlichen Gewalt widersetzt, stellt sich gegen die Ordnung Gottes, und wer sich ihm entgegenstellt, wird dem Gericht verfallen. Vor den Trägern der Macht hat sich nicht die gute, sondern die böse Tat zu fürchten.« (Bibel, Römer, 13, 1–7)

Ausgehend von diesen und anderen Bibelstellen wurde seit dem Mittelalter staatliche Herrschaft begründet. Neben dem Verhältnis von Kirche und Staat wurde seit der Reformation aber auch das individuelle Seelenheil zunehmend Gegenstand der politischen und religiösen Erörterungen. Seit Luther in seiner Lehre – vor allem im Rückgriff auf das Johannesevangelium – behauptet hatte, dass allein der Glaube (*sola fide*) an Christus ausreiche, um das Seelenheil durch Gottesgnade zu erhalten, ist diese Argumentation immer wieder aufgegriffen und weiterentwickelt worden. Luther ging es nicht um bürgerliche oder politische Freiheit, sondern um die »Freiheit eines Christenmenschen«, so der Titel einer 1520 erschienenen Streitschrift. Der Kampf gegen den Missbrauch klerikalen Einflusses, vor allem die Praxis des Ablasses, hatte Luther zu einer radikalen Position gegen die Suprematie des Papstes geführt. Diese Position wurde zunehmend attraktiv für die deutschen und andere europäische Fürsten in ihrem Bemühen, ihre Herrschaft gegenüber den zentralen Gewalten und dem Klerus zu stabilisieren. Päpstliche Autorität als letzte Entscheidungsinstanz zur Interpretation der Heiligen Schrift wurde in der protestantischen Theologie scharf abgelehnt. Der Glaube allein (*sola fide*) reiche aus, um der Gnade Gottes teilhaftig zu werden. Luther hatte gefordert, dass »du dadurch nicht fromm oder selig zu werden gedenkst, wie die Juden es sich durch ihre Werke anmaßten, sondern das dem Glauben überläßt, der dich ohne Werke zur neuen Kreatur macht«[61]. Alles, was für den rechten Glauben nötig ist, findet sich Luther zufolge in der Heiligen Schrift (*sola scriptura*).

Da sich aber auch die Katholiken auf die Heilige Schrift beriefen, führte die protestantische Position in interpretatorische Widersprüche. Ohne eine letztinstanzliche Interpretation der Heiligen Schrift war der Konflikt zwischen den christlichen Konfessionen nicht zu lösen. Weil es nun keine verbindliche Wahrheit in Religionsangelegenheiten mehr zu geben schien, blieb dem Einzelnen keine andere Wahl, als sich für eine der Konfessionen zu entscheiden. Auch Luther konnte und wollte die Frage nach dem rechten Glauben nicht einfach dem individuellen Gewissen überlassen. Vor allem Melanchthon hat mit seiner Lehre, dass der Glaube an den gekreuzigten Jesus (*solus Christus*) das Herzstück des Evangeliums sei, versucht, den Streit um die Exegese zu vermeiden. Ein fundamentaler Glaubensartikel (*solus Christus*) bildete die Grundlage, sodass die katholische Inanspruchnahme der Heiligen Schrift - vor allem zur Rechtfertigung des Ablasses - zumindest in der theologischen Theorie ausmanövriert werden konnte.

Hobbes' Position kommt erneut den protestantischen Argumenten recht nahe. Auch er löst die Frage des persönlichen Seelenheils von der Institution der Kirche ab. In dem Augenblick, in dem die Kirche ihre Funktion verliert, den Menschen das Seelenheil über die Sakramente oder gar über Ablasszahlungen zu gewähren, verliert sie auch einen wichtigen Halt in der Auseinandersetzung über die Suprematie zwischen Kirche und Staat. Hobbes behauptet lapidar, man könne nicht verlangen, »für jeden Glaubenssatz zu sterben, der dem Ehrgeiz oder dem Nutzen des Klerus dient« (Leviathan, 383). Individuum und Staat gehen somit aufgrund einer ähnlichen Interessenlage zunächst in der Argumentation eine Art Bündnis ein.

Die hier kurz skizzierten Ideen von Luther und Melanchthon zur Zurückweisung klerikaler Herrschaftsansprüche werden auch von Hobbes vorgebracht, denn auch für ihn gibt es nur einen Glaubensartikel, ein *unum neccessarium*, das für eine begründete Heilserwartung ausreichend sei: »Jesus ist der Christus.« (Leviathan, 383) Für Hobbes ist die Kirche, wie schon für Luther, nur eine Gemeinde der Gläubigen; sie hat keine Bedeutung für die den Menschen widerfahrende Gnade Gottes. Und erst recht hat sie in dieser Konstellation keinen eigenen Rechtsanspruch auf weltliche Herrschaft.

Der häufigste Vorwand für Aufstand und Bürgerkriege in christlichen Staaten hat sich nun, so Hobbes, an der Frage entzündet, »wie man zugleich Gott und den Menschen gehorchen könne, wenn sich ihre Befehle widersprechen« (Leviathan, 446). Hobbes geht davon aus, dass dieser Konflikt letztlich nur von jedem Einzelnen entschieden werden kann. Jeder bleibt also Richter über diese Frage, die das Verhältnis von Seelenheil und Gehorsam gegenüber dem Souverän betrifft. Im Naturzustand war es geboten, das »Recht auf alles«

und damit auch weitgehend das eigene Urteil aufzugeben. Aber es kann, wenn es um das persönliche Seelenheil geht, nicht erwartet oder gar verlangt werden, dass die Menschen sich ihres eigenen Urteils in dieser Frage begeben. Hobbes' Versuch, die Menschen davon zu überzeugen, dass es für das Seelenheil genüge, sich den einen notwendigen Glaubensartikel zu eigen zu machen, hat damit eine weitreichende Bedeutung. Zentral für diesen Argumentationsgang ist das 43. Kapitel im *Leviathan*, »Von den notwendigen Voraussetzungen für die Aufnahme eines Menschen in das himmlische Reich«. Es zielt aber nicht darauf, die Menschen von einem schlüssigen Weg zur Erlangung ihres Seelenheils zu überzeugen. Was in diesem Kapitel geleistet werden soll, ist vielmehr, den Weg für einen uneingeschränkten Gehorsam gegenüber dem Souverän freizumachen.

Hobbes erklärt, dass die religiösen Fragen nicht an der Notwendigkeit des politischen Gehorsams in dieser Welt rühren, denn der Heiland Jesus und seine Apostel, so heißt es gut lutherisch im 42., gegen den Jesuiten Bellarmin gerichteten Kapitel, haben keine neuen Gesetze hinterlassen, um uns in dieser Welt zu verpflichten. Jesus hat nur, so Hobbes, eine neue Lehre gestiftet, um uns auf die nächste Welt vorzubereiten. Daher waren die »Bücher des neuen Testaments, die diese Lehre enthalten, solange keine verpflichtenden Kanons, das heißt Gesetze, bis ihre Befolgung von denjenigen befohlen worden war, denen Gott die Gewalt gegeben hat, auf Erden Gesetzgeber zu sein. Sie waren vielmehr nur ein guter und sicherer Rat zur Anleitung der Sünder auf dem Wege zur Erlösung, den jedermann auf eigene Gefahr, ohne ein Unrecht zu begehen, annehmen oder ausschlagen konnte.« (Leviathan, 399)[62]
Hobbes unterstreicht, dass alle religiösen Gebote, die aus der Heiligen Schrift abgeleitet werden können, der Sanktionsgewalt des Souveräns unterstehen und erst durch seine Autorität Gesetzeskraft erhalten. Diese wichtige Unterscheidung zwischen Rat und Gesetz positioniert den weltlichen Souverän auch in Religionsfragen erneut in privilegierter Stellung.

Die Kirche als Sachwalterin der Religion wird von Hobbes dementsprechend ihrer Autorität enthoben; er stellt das persönliche Seelenheil und die Frage nach dem Weg dorthin in die Kompetenz individueller Entscheidungen. Bemerkenswert ist der geradezu ketzerische Nebensatz, dass ein jeder den in der Heiligen Schrift angeratenen Weg zu seiner Erlösung nach eigenem Ermessen und auf eigene Gefahr hin annehmen oder verwerfen könne. Hobbes räumt dem Individuum damit einen Entscheidungsspielraum ein, wie ihn keine der christlichen Kirchen im 17. Jahrhundert dem Einzelnen zugestanden hätte. Dieser Entscheidungsspielraum gilt aber eben auch nur in Fragen des Seelenheils; hier darf das Gewissen (*foro interno*) jedes Einzelnen maßgeblich sein. *In politicis* ist dies jedoch nicht geraten und wird von Hobbes auch vehement verworfen.

Die fundamentale Bedeutung, die Hobbes der argumentativen Verschränkung von Souveränitätstheorie und Bibelinterpretation zumisst, wird deutlich, wenn man sich vergegenwärtigt, mit welcher Sorge Hobbes immer wieder die Gründe für die Unterminierung des Staates beschrieben hat. Der Bürgerkrieg beginnt für Hobbes ja nicht erst mit dem bewaffneten Widerstand gegen den legitimen Souverän, sondern bereits im intellektuellen Disput. Für Hobbes ist der rhetorische Streit der Beginn von Sezession und Bürgerkrieg; und es ist daher nicht überraschend, dass er diesem Thema innerhalb seiner Rechtsphilosophie großen Raum gibt. Neben *De Cive* und dem *Leviathan* ist vor allem der für die Interpretation von Hobbes' politischer Philosophie bisher immer noch zu sehr vernachlässigte Dialog im *Behemoth* heranzuziehen, da sich hier wichtige Überlegungen zu diesem Fragenkomplex finden.[63] Hobbes' Souveränitätstheorie wird besonders in den ersten beiden Dialogen des *Behemoths* durch eine scharfsichtige Analyse der – häufig irrationalen – menschlichen Motivationen ergänzt. Hobbes zeigt hier schlüssig auf, dass die bloße Macht des Souveräns zur Durchsetzung seiner Herrschaftsrechte und der damit einhergehenden schiedsrichterlichen Friedens- und Sicherheitsfunktionen nicht ausreicht, »denn die Macht des Gewaltigen hat nur Grund in der Meinung und in dem Glauben des Volkes« (Behemoth, 25 f.)

Dieses Urteil scheint zunächst konträr zu der im *Leviathan* vertretenen Auffassung von Hobbes zu stehen. Hat er doch gerade wegen der Leidenschaften und Begierden der Menschen behauptet, dass diese nur durch »die Furcht vor einer Macht« (Leviathan, 131) genötigt werden können, Gesetze zu befolgen und Verträge einzuhalten. Und auch im *Behemoth* finden sich wiederholt Verweise darauf, dass jede staatliche Souveränität letztlich in der konkreten Macht liege, die sich in der Befehlsgewalt über die Armee konzentriert. (Vgl. Behemoth, 84, 101 und 104) Aber diese zunächst widersprüchlich erscheinenden Positionen kann man aufeinander abstimmen, wenn man Hobbes' Schriften als Versuch wertet, auf verschiedenen Ebenen Strategien zur Etablierung staatlicher Herrschaft zu entwickeln. Ohne Frage kommt der uneingeschränkten Verfügungsgewalt über die Streitkräfte, dem im modernen Staatsrecht inzwischen geradezu als selbstevident behaupteten Gewaltmonopol des Staates, die wichtigste Bedeutung in diesem Argumentationszusammenhang zu.

Aber Hobbes erkennt immer deutlicher, dass jede Herrschaft, die nur auf die Ausübung von Gewalt gegründet ist, notwendigerweise defizitär bleibt. In *De Cive* hat er noch die Meinungen der Untertanen durch die staatliche Zensur steuern wollen, denn es sei »für den allgemeinen Frieden höchst wichtig (…), daß den Bürgern keine Meinungen oder Lehren vorgetragen werden, wonach diese glauben könnten, den Gesetzen des Staats (…) mit Recht nicht gehorchen zu brauchen oder ihnen sich widersetzen zu dürfen« (Vom Bürger, 136). Wir sehen hier nochmals, dass dem Staat ein uneingeschränktes Zensurrecht zusteht. Frieden ist das höchste Ziel, das durch den Staat garantiert wird. Erneut zu betonen ist, dass der Staat damit über allen Parteien, auch den verschiedenen religiösen Glaubensgemeinschaften, steht. Sobald deren Lehren den Frieden bedrohen, kann der Staat mit Recht intervenieren. Schon in diesem Kontext hat Hobbes die theologischen Lehren als die größte Bedrohung für den Gehorsam der Untertanen gegenüber dem Souverän benannt. Der gesamte dritte Teil von *De Cive* stellt sich diesem Thema, um zu klären, ob die Gebote der höchsten Staatsgewalt mit den Gesetzen Gottes übereinstimmen oder nicht. Da der geistige Kampf gerade über derartige Fragen der heftigste sei und aus ihm die größten Uneinigkeiten und Bedrohungen entstünden, ist diese Klärung für Hobbes von ganz entscheidender Wichtigkeit.

Es muss also vermieden werden, dass überhaupt ein Konflikt über die Gebote des Souveräns in Hinblick auf theologische Fragen entstehen kann. In der Konzeption von *De Cive* ist der dritte Teil über die Religion zwar lediglich eine Zugabe, in der nur nachgewiesen wird, dass die zuvor in Teil 1 (*Freiheit/Libertas*) und 2 (*Herrschaft/Imperium*) entwickelte Lehre der christlichen Lehre nicht widerspricht, was Hobbes selbst auch ganz offen ausführt: »Die Zugabe über das Reich Gottes ist deshalb geschehen, damit nicht zwischen den natürlichen Geboten Gottes und dem Gesetz Gottes, welches in der Heiligen Schrift überliefert wird, der Schein eines Widerspruchs stehen bleibe.« (Vom Bürger, 63) Aber da ein Konflikt zwischen den Geboten des Souveräns und Gott grundsätzlich ausgeschlossen werden muss, um den Gehorsam der Untertanen gegenüber dem Souverän nicht infrage zu stellen, ist diese Zugabe eben doch von ganz entscheidender Bedeutung in der politischen Rechtslehre von Hobbes. Denn im Zusammenhang mit seiner Sorge, wie denn die souveräne Gewalt angesichts der konkreten Konflikte aufrechterhalten werden kann, scheint es Hobbes offensichtlich bereits in den *Elements of Law* und im *De Cive* unabdingbar, auf den seit der Reformation neu akzentuierten Streit zwischen geistiger und weltlicher Autorität ausführlich einzugehen.

Dieser Streit macht es aber auch notwendig, dass jeder Einzelne in seinem religiösen Glauben frei entscheiden kann, ohne dass dieser Glaube in Konflikt mit der staatlichen Herrschaft gerät. Die Überschriften des 25. und 26. Kapitels der *Elements of Law* fordern lapidar, dass die Untertanen nicht ihrem eigenen Urteil in Religionsstreitigkeiten folgen sollen. So erklärt das 25. Kapitel, dass die »Entscheidung von Streitigkeiten in der Religion von der souveränen Gewalt abhängt«, während es im 26. Kapitel darum geht, dass »Untertanen nicht verpflichtet sind, dem Urteil irgendeiner Autorität in Religionsstreitigkeiten zu folgen, die nicht abhängig ist von der souveränen Gewalt« (Naturrecht, 166 und 181). Hobbes erkennt aber, dass diese Forderungen gegenüber religiösen Fanatikern wirkungslos bleiben müssen. Da religiöse Fundamentalisten auch durch die ausgefeiltesten Maßnahmen nicht zu kontrollieren sind, muss Hobbes diese Problematik anders angehen. Denn jede Strafandrohung des Staates, selbst die Todesstrafe, muss zwangsläufig vor der Radikalität und Irrationalität religiöser Fanatiker kapitulieren – mit ihnen ist kein Staat zu machen.

Der angewachsene Umfang des *Leviathans* ist somit auch auf die zunehmende Sorge von Hobbes zurückzuführen, den Klerus und radikale religiöse Sektierer endgültig aus dem politischen Diskurs zu verbannen. Hobbes entwickelt im *Leviathan* und im *Behemoth* einen eindrucksvollen Angriff gegen den korrumpierten Klerus und seine – zumindest in Hobbes' Urteil – perfiden Versuche, die Menschen im Interesse und zum Vorteil des Klerus zu manipulieren.[64] Hobbes geht offenbar davon aus, dass die Konflikte über die Legitimität von staatlicher Herrschaftsgewalt nur wirklich gelöst werden können, wenn der Religionsstreit ebenfalls gelöst ist. Aber er ist sich zugleich darüber im Klaren, dass er die Gefahr, nur einfach eine neue weitere (Religions-)Lehre anzubieten, vermeiden muss. In diesem Spannungsfeld entwickelt Hobbes nun seine Bibelinterpretation im Dienst seiner Souveränitätslehre.

Hobbes hat erkannt, dass auch der gewaltigste Souverän seine Macht nicht unbegrenzt ausüben kann. Die Grenze der souveränen Macht, die sich aufgrund des unkontrollierbaren Gewissens (*foro interno*) jedes einzelnen Untertans ergibt, muss ausbalanciert werden. Zunächst ist ganz im Sinne der bereits in den *Elements of Law* und im *De Cive* zu findenden Überlegungen über die staatliche Zensur dafür Sorge zu tragen, dass die unkontrollierte Inanspruchnahme religiöser Lehren für die verschiedensten politischen Ziele unterbunden wird. Meinungen, die die Untertanen beeinflussen können, sind vom Souverän zu sanktionieren, um ein unkontrolliertes Einwirken auf ihre Gedanken zu verhindern.

Der englische Bürgerkrieg hat Hobbes diese Gefahr eindeutig vor Augen geführt. Die unkontrollierte Interpretation der Heiligen Schrift war der Ausgangspunkt für die staatsgefährdende und aufrührerische Doktrin, die Gottes Gebote gegen die Gebote des Souveräns auszuspielen versuchte. Hobbes geht sogar so weit, zu behaupten, »die Auslegung einer Zeile in der hebräischen, lateinischen oder griechischen Bibel [sei] oftmals die Ursache von Bürgerkriegen« gewesen. (Behemoth, 144) Hugenotten wie Presbyterianer hatten in endlosen Streitschriften in der Tat mit dieser Lehre die Untertanen zur Entscheidung gedrängt[65] - das ganzheitliche Weltbild einer universal gedachten Christenheit war durch die konkurrierenden Doktrinen der verschiedenen Konfessionen nachhaltig erschüttert. Der Einzelne musste sich, ob er es wollte oder nicht, für eine der Glaubensparteien entscheiden. Hobbes geht nun davon aus, dass die Masse der einfachen Leute mit dieser Situation hoffnungslos überfordert ist.

An Hobbes' Diskussion über den Narren wird seine Strategie deutlich, auf mehreren Ebenen zugleich das Ziel des Friedens zu verfolgen. Seine Staatslehre steht über den Parteien; der Einzelne ist gehalten, dem Souverän, der ihm Schutz gewährt, zu gehorchen und seine Entscheidungen nicht öffentlich zu kritisieren. Wer dem zuwiderhandelt, ist ein Narr und widerspricht sich selbst, weil jeder das übergeordnete Ziel des Friedens wollen muss. Wer explizit gegen den Souverän polemisiert, selbst wenn er es mit der Religion und dem ewigen Seelenheil begründet, kann vom Souverän im Interesse des Friedens bestraft werden. Da das gemeine Volk zunächst nicht weiß, was Recht und Unrecht ist, müssen ihm »die Grundlagen seiner Pflicht beigebracht werden sowie die Gründe dafür, warum dem Ungehorsam gegen den rechtmäßigen Herrscher immer ein Unglück folgt« (Behemoth, 144).

Für Hobbes sind nur sehr wenige Streitfragen zwischen den Christen tatsächlich »für die Seligkeit von Bedeutung. Es sind die Fragen der Autorität und der Macht über die Kirche, oder des Vorteils, oder der Ehre von Männern der Kirche, die hauptsächlich alle ihre Streitigkeiten bedingen.« (Behemoth, 69) Die von Hobbes konstatierte Krise führte bereits vor den englischen Ereignissen in weiten Teilen Kontinentaleuropas zu jahrzehntelangen blutigen Bürgerkriegen, wobei die involvierten Konfliktparteien immer wieder die religiösen Motive in den Vordergrund rückten. Die Bedeutung und Brisanz dieses Teils der hobbesschen Lehre sollte man daher nicht unterschätzen.

Um auf diese fundamentale Krise zu antworten, genügt es Hobbes im *Leviathan* offenbar nicht mehr, den Konflikt zwischen Klerus und Staat so zu lösen, wie er es noch in den *Elements of Law* und in *De Cive* getan hat.[66] Die in diesen beiden Schriften vorgestellte Strategie erschöpft sich in einem uneingeschränkten Zensurrecht des Souveräns sowie im nicht völlig ausgearbeiteten Nachweis, dass der Gehorsam des Einzelnen gegenüber dem Souverän nicht durch einen Ungehorsam gegenüber Gott erkauft ist. Auch wenn Hobbes bereits in *De Cive* einräumt, dass »Meinungen (…) nicht durch Befehl, sondern durch Belehrung, nicht durch den Schrecken der Strafe, sondern durch einleuchtende Vernunftgründe angenommen werden« (Vom Bürger, 209), so liegt das Gewicht der Argumentation hier doch letztlich auf dem Herrschaftsrecht der Zensur. Der Staat soll die Rechts- und Friedenssicherung für die Bürger so weit wie möglich ohne den Einsatz von Zwangsmitteln bewerkstelligen. In dem Augenblick aber, wo Hobbes die Gefahr von Unruhe oder Aufruhr sieht, optiert er zugunsten der souveränen Macht. Die Gesetzgebungsgewalt des Souveräns ist somit absolut und selbst an kein übergeordnetes Prinzip gebunden; abgesehen von dem zugrunde liegenden Gebot, dass das Wohl des Volkes das höchste Gesetz ist. Da dies aber der Interpretation des Souveräns unterliegt, wird der Souverän dadurch nicht eingeschränkt.[67]

Hobbes hat aber erkannt, dass gerade aufgrund des religiösen Glaubensstreites das Zwangsrecht des Souveräns an die Grenzen seiner Wirksamkeit stieß. Ruhe und Ordnung waren in der frühmodernen Gesellschaft nicht allein durch die Staatsmacht sicherzustellen. Hobbes hat völlig zutreffend die Kanzel und das Katheder als die potenziellen Unruheherde ausgemacht und erklärt, dass die Verbreitung von Irrlehren, die sich gegen das Staatsinteresse richten, »mit der Ruhe des Staates unvereinbar« ist (Vom Bürger, 209).

Es bedarf also nach Hobbes der praktischen Umsetzung, um die von ihm aufgewiesenen Souveränitätsrechte nicht ins Leere laufen zu lassen. Dem religiösen Disput kommt in diesem Kontext die wichtigste Bedeutung zu, da hier »durch die Kanzelredner« (Vom Bürger, 209) in einem unvergleichlichen Maße auf die intellektuelle und emotionale Disposition der Bürger Einfluss genommen wurde. In diesem Zusammenhang wird deutlich, dass Hobbes seine Theorie keinesfalls nur auf die blanke Macht stützt, sondern vielmehr sehr hellsichtig dafür eintritt, das Interesse des Staates und das der Bürger durch Erziehung und Überzeugung zu vermitteln. Ein machtbewährter Souverän genügt nach Hobbes' Ansicht nicht, um Ruhe und Sicherheit zu garantieren, ihm muss eine dem Staatsinteresse verpflichtete Bildungselite sekundierend zur Seite stehen. »Deshalb muß man (...), wenn man heilsame Lehren zur Geltung bringen will, bei den Universitäten beginnen. Dort müssen die wahren und wahrhaft bewiesenen Grundlagen für eine Staatslehre gelegt werden; die darin unterrichteten jungen Leute werden dann später die Masse im einzelnen und öffentlich darüber belehren können.« (Vom Bürger, 209)

Dieses Postulat nach Erziehung und Bildung ist aber nicht mit den idealistischen Ideen der Aufklärung zu verwechseln. Hobbes hat vielmehr in dem Umstand, dass gleichsam jeder sich anmaßte, über religiöse und politische Fragen zu räsonieren, einen wesentlichen Grund für die potenzielle Gefährdung des Gemeinwesens gesehen. Das »Gift aufruhrstiftender Theorien« (Leviathan, 246) schwäche und bedrohe den Staat. Die gefährlichste dieser Theorien sei eben gerade die Anmaßung eines privaten Urteils über moralische Fragen von Gut und Böse. Nur im Naturzustand, wo es eben noch keine staatliche Gewalt und keine bürgerlichen Gesetze gibt, besteht notwendigerweise der Spielraum individueller Urteile. Es ist für ihn »aber offenkundig, daß ansonsten das bürgerliche Gesetz Maß der guten und bösen Handlungen und daß [der] Richter der Gesetzgeber ist, der immer den Staat repräsentiert. Diese falsche Lehre [dass die Menschen sich ein privates Urteil darüber vorbehalten, ob Handlungen gut oder böse sind] bringt die Menschen dazu, die staatlichen Befehle untereinander zu diskutieren und zu kritisieren und ihnen später zu gehorchen oder nicht zu gehorchen, wie sie es nach ihrem privaten Urteil für richtig halten. Dadurch gerät der Staat in Verwirrung und wird geschwächt.« (Leviathan, 247) Selbst private Meinungen sind für die Stabilität des Staates also bedrohlich, sobald sie aus der Sphäre des Privaten in den Bereich des öffentlichen politischen Disputs übertreten.

Der einzige von Hobbes ausdrücklich gemachte Vorbehalt, dass das individuelle Urteil darüber, ob und wann die eigene Selbsterhaltung bedroht sei, niemals delegiert oder aufgegeben werden könne, wird durch diese Überlegungen nicht berührt. Denn die Selbsterhaltung bleibt so lange im Bereich des eigenen Gewissens, bis sie sich manifestiert; in dem Moment, wo sie das tut, befindet sich der Mensch aber bereits im Konflikt mit dem Souverän, der, wie wir gesehen hatten, ohne jede Einschränkung gegen den Einzelnen vorgehen kann. Zu diesem Szenario sollte es allerdings nach Möglichkeit gar nicht erst kommen.

Hobbes' Forderung nach Erziehung ist daher nachweislich vom Gedanken der Staatsräson und von seiner Souveränitätstheorie geleitet. Ein wesentlicher Bestandteil seiner politischen Rechtsphilosophie ist es, den öffentlichen Diskurs einzuschränken und die privaten Meinungen aus diesem Diskurs herauszuhalten. Es drängt sich mithin die Frage auf, wie seine Philosophie, wenn sie nur für wenige bestimmt ist, die Masse steuern und in ihren unterschiedlichen Begehren zügeln und zivilisieren soll. Seine Antwort: Für die Bürger muss deutlich werden, warum sie in den politischen Diskurs nicht intervenieren sollen; und dieser Prozess wiederum soll durch eine spezifische politische Erziehung unterstützt werden. Diese Art der Erziehung ist nach Hobbes notwendig, weil lediglich eine Auflistung der Souveränitätsrechte deren Befolgung noch nicht garantiert. Es ist für den Souverän also nicht ratsam, das Volk in Unkenntnis zu halten oder sogar »eine falsche Unterrichtung zu dulden«, da so »die Menschen leicht zu verführen« sind. (Leviathan, 255) Nur die Einsicht der Untertanen in die Notwendigkeit der Staatsgewalt und des damit einhergehenden Gehorsams, den sie dem Souverän schulden, garantiert die Erhaltung der souveränen Staatsmacht. Kein Gewaltmittel kann diese Einsicht erzwingen oder ersetzen.

Jede Strafe seitens der staatlichen Zwangsgewalt muss von den Bürgern grundsätzlich als gerechte Strafe anerkannt werden, andernfalls würden sie diese nur für einen »feindlichen Akt« (Leviathan, 256) halten. Dies würde zwangsläufig zu Widerstand und Aufruhr führen. Unabdingbar für einen echten Rechtsfrieden ist zum einen das Verständnis der Bürger dafür, aufgrund welcher Rechte der Souverän Gesetze verordnet, zum anderen die daraus resultierende Akzeptanz. Und hier zeigt sich dann die Notwendigkeit der Erziehung, damit die Bürger die rechtliche Grundlage der Gesetzgebung und die bei Übertretung der Gesetze erfolgende Strafe verstehen und grundsätzlich akzeptieren. Wenn dies nicht gegeben ist, ist der Rückfall in den Naturzustand für Hobbes geradezu zwangsläufig, da jeder Mensch dazu neige, sich wieder zum Richter zu erklären. Somit kommt der politischen Erziehung der Bürger eine fundamentale Rolle innerhalb der hobbesschen Staats- und Souveränitätstheorie zu.

Ganz offensichtlich wird dieses Konfliktpotenzial durch die religiöse Dimension erheblich vergrößert. Nur wenn Hobbes nachweisen kann, dass seine Staatslehre nicht mit Glaubenslehre und Seelenheil kollidiert, wird er die Menschen von seiner Lehre überzeugen können. Sofern der Eindruck entstehen kann, dass auch er nur ein Partikularinteresse verfolgt, würde er sich schuldig machen, die von ihm beschriebenen Dispute und Lehrstreitigkeiten nur weiter anzufachen, die Verwirrung dadurch zu vergrößern und somit die Konflikte zu verschärfen.[68]

Damit Hobbes' Argumentation wirksam werden kann, scheint eine entsprechende politische Bildung aller Bürger erforderlich, während er doch zugleich ihren Ausschluss von jeder Partizipation im politischen Diskurs postuliert. Wie lassen sich diese einander widersprechenden Positionen miteinander in Einklang bringen? Hobbes' Erziehungs- oder Bildungsideal ist darauf ausgerichtet, die Menschen zu disziplinieren. Wenn der Souverän die Bürger aufklären und unterrichten soll, geht es um die »Lenkung der menschlichen Handlungen, die Frieden und Eintracht unter ihnen bewirken soll« (Leviathan, 140). Dies kann für Hobbes aber nur durch die »Lenkung ihrer Meinungen« (Leviathan, 140) geschehen. Insofern zeigt sich also auch hier eine der zentralen Aufgaben des Souveräns. Hobbes ist natürlich nicht so naiv, anzunehmen, dass auf dieser Grundlage bereits Einvernehmen über die konkurrierenden Ansichten und Lehren herzustellen sei.

Solange die Menschen ihr Verhalten nach ihren Partikularinteressen ausrichten, bleibt der Staat gefährdet. Hobbes will den Menschen vermitteln, dass jedwedes Eigeninteresse, welches das Allgemeinwohl und vor allem den Frieden nicht berücksichtigt, destruktiv sei. Solange die Menschen sich nicht rational verhalten, optiert Hobbes daher dafür, das nächstgeringere Übel – die Ausübung souveräner Zwangsgesetze – zu wählen. Nicht zuletzt weil nach Hobbes' Ansicht die Macht allein nicht zur wirklichen Stabilisierung des Staates ausreicht, stimmen die Interessen des Souveräns und der Bürger nach ihrer politischen Aufklärung bis zu einem gewissen Grade überein. Der entscheidende Ansatzpunkt liegt also darin, Mängel in der praktischen Wirksamkeit der menschlichen Vernunft in der Politik durch eine entsprechende Erziehung zu kompensieren. Allerdings unterminierten dies gerade die gesellschaftlichen Institutionen, die für die Vermittlung dieser Lehre geeignet und nach Hobbes' Verständnis verpflichtet waren: der Klerus und die Universitäten. (Vgl. Behemoth, 47) Politische und religiöse Meinungen und Lehren sind nach Hobbes der Ursprung jedes Aufruhrs, sodass es hier anzusetzen gilt. Ob er tatsächlich hofft, den religiösen und politischen Meinungsstreit zu beenden, indem er den *Leviathan* als Lektüre an den Universitäten empfiehlt? In dieser Empfehlung manifestiert sich zumindest erneut Hobbes' Einsicht in die Bedeutung der miteinander konkurrierenden religiösen und politischen Lehren.

Hobbes hat klar erkannt und wiederholt darauf gedrungen, dass es zur Absicherung der souveränen Gewalt nicht ausreiche, sich auf die bloße Macht zu verlassen. Es war vielmehr für den Souverän nötig, die öffentliche Meinung auf seiner Seite zu wissen. »Ein Staat kann Gehorsam erzwingen, aber von keinem Irrtum abhelfen noch die Herzen derjenigen ändern, die meinen, sie hätten die bessere Einsicht. Die Unterdrückung einer Lehre vereint nur und erbittert, das heißt, vermehrt sowohl die Bosheit als auch die Macht derer, die bereits daran glaubten.« (Behemoth, 68) Genau dieser Einsicht folgt bereits die strategische Veränderung seiner Lehre im *Leviathan* gegenüber *De Cive* und den *Elements of Law*.

Dies wird besonders deutlich, wenn wir uns wieder dem 43. Kapitel des *Leviathans* zuwenden. Mit bereits vertrauter, schlagender Einfachheit beantwortet Hobbes auch die Frage, wie der Mensch zugleich Gott und dem Souverän Gehorsam leisten kann. Das sei nur ein vermeintliches Problem, und einen Widerspruch gebe es nicht für diejenigen, die zu unterscheiden wissen zwischen dem, was für die Erlangung des ewigen Lebens notwendig ist, und dem, was nicht nötig ist. Hobbes verrät in der ersten Marginalie dieses Kapitels gleichsam seinen Argumentationstrick. Wenn für die Erlösung der Glaube daran, dass Jesus der Christus sei, ausreicht, dieser Glaube aber nur im Gewissen des Einzelnen seinen Platz hat und der Souverän ohnehin keine Möglichkeit hat, das Gewissen des Einzelnen zu kontrollieren, dann erlaubt diese Reduktion der Heilslehre auf das *unum neccessarium* es dem Souverän, über den verbleibenden externen Bereich vermittels seiner Gesetzgebung frei zu verfügen. Hobbes schließt hier an die Kontroverse aus dem 16. Jahrhundert über die Adiaphora an[69], indem er nun erklärt, dass alles, was irrelevant für das Seelenheil sei, folglich unbeschadet der Entscheidungsbefugnis des Einzelnen enthoben und der Macht des Souveräns untergeordnet werden könne.

Nach dem Tod Martin Luthers im Februar 1546 wurde Melanchthon einer der entscheidenden geistigen Führer der Protestanten. Angesichts der Niederlage der Protestanten gegen Karl V. im sogenannten Schmalkaldischen Krieg (1546–47) fand er sich in der Auseinandersetzung mit dem Papsttum bereit, hinsichtlich der Ausübung des Kultus Konzessionen einzuräumen, da diese nach den Prämissen der Sola-fide-Lehre für das Seelenheil indifferent seien.[70] Bestand in dieser Auseinandersetzung das Ziel darin, den fundamentalen protestantischen Glaubensartikel (*sola fide*) gegenüber den päpstlichen Herrschaftsansprüchen zu bewahren, so überträgt Hobbes dieses Argumentationsmuster nun in die Sphäre der Auseinandersetzung von weltlichem und geistlichem Herrschaftsanspruch. In Hobbes' Umdeutung des Adiaphora-Ar-

guments ist ein bewusster Versuch der Instrumentalisierung theologischer Argumente im Dienste einer säkularisierten Herrschaftslehre zu sehen.
Er geht aber noch einen Schritt weiter, und dies scheint ein entscheidender Beleg dafür zu sein, dass Hobbes' Rückgriff auf die Heilige Schrift mehr ist als nur eine beliebige Referenz an den Zeitgeist des 17. Jahrhunderts. Seine Auseinandersetzung mit der Heiligen Schrift gewinnt nämlich einen begründungstheoretischen Stellenwert für seine Souveränitätslehre, wenn er behauptet, »alles, was *zur Errettung notwendig* ist, ist in zwei Tugenden enthalten, im *Glauben an Christus* und im *Gehorsam gegen die Gesetze*« (Leviathan, 447). Da es Gesetze aber nur durch erklärte Handlungen des Souveräns geben kann, kommt dem Gehorsam gegenüber dem Souverän nun eine ganz neue Bedeutung zu. Es ist für das eigene Seelenheil notwendig, dem Souverän zu gehorchen. Der Konflikt, zwischen menschlichem und göttlichem Gebot zu wählen, wird also in einer überraschenden Wendung entschieden.
Hobbes hat zunächst behauptet, es sei zur Genüge bekannt, dass ein Mensch, der zwei widersprüchliche Befehle erhalte und wisse, dass der eine von Gott stamme, diesem gehorchen müsse und nicht dem anderen, selbst wenn es sich dabei um seinen gesetzlichen Souverän handle.
Um nun aber Gott zu gehorchen, bedarf es keiner äußeren Handlungen. Da Gott in die Herzen der Menschen zu schauen versteht, braucht er keine äußeren Anzeichen, um zu wissen, ob die Menschen seinen Geboten Folge leisten. Um Gottes Geboten zu gehorchen und seiner Gnade teilhaftig zu werden, genügt es nach Hobbes daher, dass der Mensch aufrichtig wünscht, die Gebote Gottes zu erfüllen, oder ihm gegenüber seine Sünden bereut. Der Gehorsam gegenüber dem Souverän kann dagegen nur anhand von äußeren Handlungen beurteilt werden. Allerdings muss Hobbes noch überzeugend aufweisen, warum wir dem weltlichen Souverän ebenfalls Gehorsam schuldig sind, um der Erlösung teilhaftig zu wer-

den. Ihm gelingt dieser Argumentationsschritt durch die bekannte Figur, dass die göttlichen Gebote erst durch den Rechtsakt des Souveräns Gesetzeskraft erlangen.

In dem hier diskutierten Argumentationsgang ist mehr zu sehen als nur der Versuch, die Kirche und den Klerus von der Teilhabe an der säkularen Herrschaft auszuschließen. Hobbes' Schlüsselargument für einen weltlichen Souverän besteht in der Notwendigkeit eines letztinstanzlichen Schiedsrichters. Dieses sind naturrechtliche und zugleich göttliche Gebote, ein Disput hierüber ist für Hobbes nicht zulässig, denn die Frage nach dem letzten Entscheidungsträger ist für ihn durch den Souverän gelöst. Hieran zu rühren, auch unter dem Vorwand von Glaubensgründen, wird von Hobbes kategorisch ausgeschlossen. Die Menschen sind frei, zu glauben, was sie wollen, aber sie würden an Gottes Gebote rühren, sobald sie die staatliche Ordnung infrage stellen. Gehorsam gegenüber Gott manifestiert sich für Hobbes durch den Gehorsam gegenüber dem Souverän, denn nur im Zusammenhang von äußeren Handlungen ist es überhaupt sinnvoll, von Gehorsam zu sprechen. Und selbst wenn angenommen werden kann, dass der Souverän sich irrte oder ein Ungläubiger wäre, so gebührt ihm doch Gehorsam, allein deswegen, weil es dem Souverän zukommt, letztinstanzlich zu entscheiden. »Christliche Könige mögen irren (...), aber wer soll richten? Soll ein Privatmann richten, wenn sein eigener Gehorsam in Frage steht?« (Leviathan, 458).[71] Es ist für Hobbes nicht nötig, diese rhetorische Frage zu beantworten.

Der Einzelne hat Hobbes zufolge nicht das Recht, über die Grenzen des Gehorsams in Religionsangelegenheiten gegenüber dem Souverän zu befinden. Hobbes will beweisen, dass auch die Bibel und die Erwartung jenseitiger Strafen oder Heilserwartungen keinen Vorwand für individuellen Ungehorsam liefern können. In detaillierter Auseinandersetzung mit der Heiligen Schrift versucht er aufzuzeigen, dass auch für das jenseitige Leben der Gehorsam gegenüber dem Souverän eine Conditio sine qua non ist, der ein gleicher Stellenwert wie dem einen fundamentalen Glaubensartikel (Jesus ist der Christus) zukommt. Es geht vielleicht nicht einmal zu weit, zu behaupten, dass in Hobbes' Rechtsphilosophie der Heiligen Schrift das letzte Wort zukommt. Ob Hobbes aber damit sein Ziel, nicht nur ein System zur Friedenssicherung zu schaffen, sondern dieses System über jeden Streit erhaben zu machen, erreicht hat, kann bezweifelt werden. Vielleicht hat er selbst sogar diese Zweifel gehegt, denn wenn es nur darum ginge, die Leser durch Argumente zu überzeugen, dann bedürfte es keiner Theorie über einen absoluten Souverän.

4. Politische Philosophie der internationalen Beziehungen

Wo es um potenzielle Konflikte zwischen einzelnen Staaten geht, setzt Hobbes nicht auf den Souverän als Schiedsrichter und Friedenswahrer. Er geht aber von seiner bekannten Argumentationsfigur des Naturzustands aus, um auch die internationalen Beziehungen politiktheoretisch zu bestimmen. Für eine politische Philosophie der internationalen Beziehungen bildet Hobbes' Naturzustandstheorie bis heute den entscheidenden interpretativen Ausgangspunkt. Die Überwindung dieser prekären und unsicheren Situation kann aber auf der zwischenstaatlichen Ebene nicht mit der gleichen Konsequenz eingefordert werden, da die Etablierung einer den einzelnen Staaten übergeordneten souveränen Herrschaft als Rechtssicherungs- und Schiedsinstanz die staatliche Souveränität infrage stellen würde.

Das eingangs erwähnte und häufig nur verkürzt zitierte Diktum von Hobbes gibt zunächst ein Rätsel auf: »Nun sind sicher beide Sätze wahr: Der Mensch ist ein Gott für den Menschen, und: Der Mensch ist ein Wolf für den Menschen; jener, wenn man die Bürger untereinander, dieser wenn man die Staaten untereinander vergleicht.« (Vom Bürger, 59) Wie erklärt sich dieser Unterschied, und wie kommt es, dass der Mensch für Hobbes zwar in der Lage ist, den zwischenmenschlichen Naturzustand durch die Staatsgründung zu überwinden, nicht aber den zwischenstaatlichen Naturzustand durch ähnliche rechtsstiftende Vorkehrungen?

Hobbes hat – obwohl es ihm ohne jeden Zweifel vor allem um die Legitimierung staatlicher Herrschaft geht – mit dem Verweis, dass »Völkerrecht und Gesetz der Natur dasselbe sind« (Leviathan, 269, so auch bereits ähnlich in Naturrecht, 211), weitaus mehr über das Völkerrecht ausgesagt, als zumeist zugestanden wird. In einer Einführung in die politische Philosophie von Hobbes sollte dieser wichtige Aspekt nicht fehlen. Hier wird er zum ersten Mal in einem solchen Rahmen als wesentlicher Bestandteil seiner Rechtslehre mit vorgestellt.[72] Hobbes hat das paradoxe Verhältnis von Souveränität und Völkerrecht zuerst aufgezeigt, sodass sich in der Folge alle Theoretiker, die sich zum Völkerrecht äußerten, seinen Überlegungen zu stellen hatten.

Die von Hobbes konstatierte Rechtlosigkeit des menschlichen Naturzustands gilt gleichermaßen für das Verhältnis der Staaten untereinander, da es auch für diese keine unabhängige Schiedsinstanz gibt und somit die Staaten in ihrem Verhältnis zueinander Richter in eigener Sache bleiben. Konflikte zwischen den Staaten sind ebenso latent vorhanden wie zwischen den Menschen im Naturzustand. Ohne eine übergeordnete unabhängige Instanz können diese Konflikte nur nach dem Recht des Stärkeren gelöst werden. Daher gilt auch für das Verhältnis zwischen Staaten, dass sie am häufigsten aneinandergeraten, wenn viele denselben Gegenstand zugleich begehren, dieser jedoch weder gemeinsam genossen noch geteilt werden kann. »Deshalb muß der Stärkere ihn haben; und wer der Stärkere ist, das muß durch das Schwert [Kampf (pugnâ iudicandum est)] entschieden werden.« (Vom Bürger, 81) Diese Konfliktlage wird dadurch verschärft, dass jeder Staat den Willen hat, dem anderen zu schaden. Rousseau ging davon aus, dass die Existenz der monarchischen Staaten der vornehmliche Grund für Kriege sei und die Menschen gegen ihre eigenen Interessen gewissermaßen von ihren Herrschern zum Krieg gedungen werden. Hobbes sah dies bereits ähnlich und hat die Einschätzung auch ähnlich radikal in dem berühmten *Homo homini lupus* formuliert. Der Wille, zu schaden, mag aus der Aggressivität oder dem Geltungsbedürfnis der Staaten resultieren, er kann sich aber auch »aus der Notwendigkeit, seinen Besitz und seine Freiheit gegen den andern zu verteidigen« (Vom Bürger, 80), ergeben.

Wie jedem Menschen im Naturzustand, so kommt auch jedem Staat das Recht zu, »alle Mittel zu gebrauchen und alle Handlungen zu tun« (Vom Bürger, 81), die für seine Erhaltung nötig sind. Über die angemessene Wahl der Mittel und deren Einsatz ist er nach dem Naturrecht selbst Richter. Damit kommt auch den Staaten ein »Recht auf alles« zu und die Paradoxie dieses Rechtes reproduziert im Verhältnis der Staaten zueinander die Rechtsantinomie des zwischenmenschlichen Naturzustands. Denn auch für das Verhältnis der Staaten zueinander gilt, dass es ihnen durchaus keinen Nutzen bringt, dass alle Staaten ein »Recht auf alles« haben. Die »Wirkung eines solchen Rechts ist so ziemlich dieselbe, als wenn überhaupt kein Recht bestände« (Vom Bürger, 83). Die uneingeschränkte Freiheit macht somit jeden gesicherten Freiheitsgebrauch unmöglich. Genau in dieser Konstellation liegt die Problematik des Wettrüstens, denn selbst wenn ich nicht rüsten will, so bin ich im Interesse meiner Selbsterhaltung genötigt, auf die Rüstung des potenziellen Gegners zu reagieren.

Williams hat zutreffend darauf aufmerksam gemacht, dass eine bestimmte Denkschule innerhalb der Theorie der internationalen Beziehungen, die Vertreter des Realismus, Hobbes' rechtsphilosophische Überlegungen auf das Bedrohungsszenario des Naturzustands unzulässig verkürzt haben, ohne die von ihm diskutierten Probleme und Lösungsansätze mit in Betracht zu ziehen.[73] So ist Hobbes zu einem der wichtigsten intellektuellen Gewährsleute dieser von Hans Morgenthau ausgehenden politischen Denkrichtung des Neokonservatismus in den USA gemacht worden. Damit wird aber eben nur ein Teil seiner Überlegungen aufgegriffen und seine Rechtsphilosophie wird so bewusst im Dienste einer politischen Doktrin nachhaltig verkürzt.

Wenn Hobbes sagt, dass das zwischenstaatliche Verhältnis dem Naturzustand entspreche, dann heißt dies implizit auch, dass die vernunftrechtlichen Gebote des Naturzustands auch auf das Völkerrecht Anwendung finden. Es ist Hobbes' feste

Überzeugung, dass die Gebote der rechten Vernunft allein nicht ausreichen, um einen gesicherten Rechtsfrieden zu garantieren. Dies ist, wie Hobbes nicht müde wird zu betonen, erst durch die Stiftung einer mit Zwangsrechten bewehrten Staatsgewalt möglich. Dennoch liefern die von ihm entwickelten natürlichen Gesetze die Grundlage, von der aus erst eine kontraktualistische Staatsgründung möglich ist. Ähnlich wie die Präliminarartikel in Kants Schrift *Zum ewigen Frieden* können die von Hobbes entwickelten natürlichen Gesetze – etwa den Frieden zu suchen oder Verträge zu halten – als notwendige Voraussetzungen für die Ordnung einer Staatengemeinschaft gelesen werden. Freilich zieht Hobbes auf der zwischenstaatlichen Ebene nicht die Konsequenzen, die er auf der staatsrechtlichen durch die Stiftung eines Souveräns gezogen hat. Die Bedeutung der natürlichen Gesetze für das Verhältnis zwischen den souveränen Staaten ist aber unübersehbar.

Hobbes definiert die natürlichen Gesetze als ein »Gebot der rechten Vernunft in betreff dessen, was zu einer möglichst langen Erhaltung des Lebens und der Glieder zu tun und zu lassen ist« (Vom Bürger, 86f.). Sie geben damit die Bedingungen an, unter denen erst eine Rechtsordnung möglich ist, ohne bereits hinreichend für die erstrebte Rechtssicherheit zu sein, weil die natürlichen Gesetze nicht erzwingbar sind, sondern ihre Gültigkeit stets von der jeweiligen Einsicht und freiwilligen Befolgung der involvierten Konfliktparteien abhängig bleibt. (Vgl. Vom Bürger, 132)

Hier wiederholt sich die Frage, ob und bis zu welchem Grade man anderen angesichts einer Situation latenter Unsicherheit vertrauen sollte. Der vertragliche Zusammenschluss eines Bündnisses sei deswegen nur so lange gültig, »wie kein gerechtfertigter Grund zum Mißtrauen entsteht« (Leviathan, 182). Der Verpflichtungscharakter der natürlichen Gesetze wird durch die fehlende Sicherheit auch im Hinblick auf die internationalen Beziehungen aus den gleichen Gründen und mit gleicher Konsequenz eingeschränkt. Man sollte ihr Potenzial als Regelungsmechanismus für die zwischenstaatlichen Beziehungen aber nicht leichtfertig abtun oder voreilig unterschätzen, auch wenn die Souveränitätslehre von Hobbes dazu verleitet.[74] Konzeptionell dient ihm der Naturzustand – und darin besteht gerade eine seiner bedeutendsten rechtsphilosophischen Leistungen – als begründungstheoretischer Nachweis dafür, dass ein staatliches Gewaltmonopol zur Garantie von Frieden und Sicherheit zwingend notwendig ist. Eben die Konsequenz des staatsstiftenden Vertragsschlusses wird man aber für die internationale Ebene nicht ziehen können. Bereits bei Hobbes zeigt sich, dass jedes Völkerrecht unauflöslich mit der Souveränitätsfrage verschränkt ist.

Solange aber der dieser Argumentation konsequent folgende Schritt der Etablierung einer souveränen Schiedsinstanz nicht vollzogen wird, muss jedes Völkerrecht zwangsläufig defizitär bleiben. Die Durchsetzbarkeit eines Völkerrechts hängt ja davon ab, ob der Staat bereit ist, seine ihm eigentümlichen Souveränitätsrechte an eine übergeordnete Instanz zu übertragen. Zwischen dem individuellen und dem staatlichen Naturzustand besteht nach Hobbes aber auch ein entscheidender Unterschied, der bis heute als der maßgebliche Grund auszumachen ist, warum souveräne Staaten es vorziehen, ihre Souveränität nicht vorbehaltlos auf eine zwischenstaatliche Ebene zu delegieren: »Könige und souveräne Machthaber« befinden sich »aufgrund ihrer Unabhängigkeit in ständigen Eifersüchteleien und verhalten sich wie Gladiatoren: sie richten ihre Waffen gegeneinander und lassen sich nicht aus den Augen – das heißt, sie haben ihre Festungen, Garnisonen und Geschütze an den Grenzen ihrer Reiche und ihre ständigen Spione bei ihren Nachbarn. Das ist eine kriegerische Haltung. Weil sie aber dadurch den Fleiß ihrer Untertanen fördern, so folgt daraus nicht dieses Elend, das die Freiheit von Einzelmenschen begleitet.« (Leviathan, 97 f.) Der Staat als Friedenswahrer erlaubt intern Sicherheit und daraus resultierend wirtschaftliche Prosperität. Die latente

Unsicherheit und die ihr inhärente Bedrohung sind insofern nicht von gleicher Unmittelbarkeit. Zunächst können die Menschen ihren Mitmenschen innerhalb der staatlich verfassten Gesellschaft ein Gott sein und erst in weiterer Ferne werden sie anderen Menschen zum Wolf – außerhalb der Grenzen des eigenen Staates.

Zugleich bedeutet für Hobbes die Gleichheit des Naturzustands, dass die Staaten, wenn sie einander als Feinde gegenüberstehen, zwar nicht unbedingt an Stärke ebenbürtig sind, aber moralisch und juristisch sind sie gleichwertig. Das neunte Gebot der natürlichen Gesetze verweist ausdrücklich darauf, dass »ein jeder die Rechte, welche er für sich verlangt, auch jedem anderen zugestehe« (Vom Bürger, 105). Durch diese Überlegungen wird die juridische und moralische Gleichheit der Konfliktparteien in die politische Philosophie der internationalen Beziehungen eingeführt.[75]

Damit löst Hobbes sich von der scholastischen Theorie des gerechten Krieges (*bellum iustum*), die, ausgehend von der mittelalterlichen Tradition (Augustin und Thomas von Aquin), die drei »klassischen« Voraussetzungen für einen gerechten Krieg (*bellum iustum*) formuliert hatte.[76] Die Konzeption des *bellum iustum*, wie sie markant von dem Dominikaner Francisco de Vitoria (1483–1546), einem der führenden Gelehrten seiner Zeit, weiterentwickelt wurde, bleibt problematisch: »Es gibt«, so der Spanier, »nur einen Grund für einen gerechten Krieg, nämlich empfangenes Unrecht.«[77] Aber wer soll entscheiden, ob etwas Unrecht ist? Was Vitoria von der mittelalterlichen Tradition und im Besonderen von Thomas von Aquin maßgeblich unterscheidet, ist die mit der Tradition brechende Behauptung, dass auch Nichtchristen unter dem gleichen *ius gentium* stehen würden, sodass die *iusta causa* nicht mehr exklusiv von den Christen gegenüber den Heiden und Andersgläubigen in Anspruch genommen werden konnte. Aber der Begriff des *bellum iustum* war auch bei ihm noch durch eine theologische Konnotation des *iustum* geprägt. Und wiewohl Vitoria einschränkend hinzufügt,

»nicht jedes Unrecht jeden beliebigen Umfangs reicht dazu aus, daß man einen Krieg beginnen kann«[78], so gelingt es doch auch ihm nicht, das *iustum* ausreichend zu qualifizieren. Wie soll man den angemessenen Umfang bestimmen, und vor allem: Inwiefern kann man davon ausgehen, dass dieses Urteil von anderen Staaten auch akzeptiert wird? Die scholastische Völkerrechtslehre hielt noch an der Idee eines Bestrafungskrieges fest. Nach diesem Verständnis war der Sieger eines gerechten Krieges nicht mehr nur Partei, sondern auch, gerade aufgrund seines Sieges, übergeordneter Richter gegenüber der unterlegenen Partei. Vitoria ging davon aus, dass der Sieger das Recht habe, »von den Feinden empfangenes Unrecht [zu] ahnden und diese für solche Unrechtstaten [zu] bestrafen«[79].

Wenn auf der internationalen Ebene keine souveräne Institution geschaffen werden kann, die durch die Ausstattung mit entsprechenden Zwangsrechten in der Lage wäre, Konflikte zu entscheiden und durch ein instanzlich gesichertes Austragsverfahren dadurch letztlich auch zu schlichten, bleibt nur der Austrag zwischen den jeweiligen Konfliktparteien. Diese sind Richter in eigener Sache, sodass aufgrund des *ipse-iudex*-Prinzips grundsätzlich nicht davon auszugehen ist, dass die Konflikte rechtlich ausgetragen werden können. Insofern bleibt die Paradoxie eines »Rechts auf alles« auf der internationalen Ebene in vollem Umfang erhalten, und die Rechtsantinomie des Naturzustands reproduziert sich in der Tat bei den zwischenstaatlichen Verhältnissen. Genau dieser Aspekt bringt aber die von Hobbes bereits entwickelten Naturgesetze auch für das Völkerrecht wieder ins Spiel. Die Begriffe von Recht und Gerechtigkeit, wie sie philosophisch unschuldig noch von Vitoria und anderen angewandt wurden, haben, das ist eine der wichtigen Erkenntnisse von Hobbes, im Bereich der zwischenstaatlichen Beziehungen keinen Platz, da es im Naturzustand eine sinnvolle Unterscheidung von Recht und Unrecht, gerecht und ungerecht eben gerade nicht gibt.

Die Schlüsselstelle bei Hobbes, auf die sich fast alle ihm folgenden Naturrechtslehrer wie Samuel Pufendorf (1632–1694) oder Emer de Vattel (1714–1767) berufen, lautet: »Das natürliche Gesetz kann wieder eingeteilt werden in das natürliche der Menschen, das allein den Namen ›das natürliche Gesetz‹ erhalten hat, und in das natürliche der Staaten, das das Gesetz der Völker genannt werden kann, aber gewöhnlich als Völkerrecht bezeichnet wird. Beider Vorschriften sind dieselben; indes nehmen die einmal eingerichteten Staaten die Eigenschaften einer menschlichen Person an.« (Vom Bürger, 220) Damit hat Hobbes unmissverständlich festgestellt, dass die natürlichen Gesetze auch für die zwischenstaatlichen Beziehungen gelten. Ihre Anwendung unterscheidet sich aber dadurch, dass die Staaten sich nicht nur in einem äußeren Verhältnis zueinander befinden, sondern auch dadurch, dass durch ihre vertraglich begründete Staatsgewalt ein innerstaatliches Verhältnis zwischen Souverän und Bürgern entsteht, das es so zwischen den Menschen im Naturzustand nicht gegeben hat.

Das ändert aber grundsätzlich nichts an der Geltung und Anwendung der natürlichen Gesetze im Verhältnis zwischen Staaten. Das erste und grundlegende Gesetz der Natur besagt, dass »man den Frieden suche, soweit er zu haben ist; wo dies nicht möglich ist, soll man Hilfe für den Krieg suchen« (Vom Bürger, 87). Die rechte Vernunft gebietet zwar, den Frieden zu suchen, aber das Interesse der Selbsterhaltung kann bedeuten, dass kurzfristig andere Überlegungen in den Vordergrund treten, da der Frieden eben noch nicht verlässlich institutionalisiert und geschützt ist. Solange es keine souveräne Schutzmacht gibt, kann das Bedürfnis nach persönlicher Sicherheit dazu führen, dass der Einzelne das übergeordnete Ziel des Friedens missachtet. Hobbes hat diesen Sachverhalt ja treffend als Willen, zu schaden, charakterisiert. Es wäre aber verfehlt, daraus zu schließen, dass der Frieden der Selbsterhaltung untergeordnet wäre. Selbsterhaltung ist für Hobbes erst in einem durch den Staat garantierten Friedenszustand verlässlich möglich. Frieden ist damit das oberste Ziel, dem zugleich die Selbsterhaltung mit eingeschrieben ist. Dies ist ja das innovative Argument von Hobbes dafür, einen Souverän zum Schutz des Friedens und damit zur Gewährung der Frieden ermöglichenden Bedingungen zu etablieren.

Solange das - wie in den zwischenstaatlichen Beziehungen - nicht der Fall ist, bleibt die Lage in höchstem Maße unsicher. Um diese Instabilität zu reduzieren, entwickelt Hobbes aus dem grundlegenden natürlichen Gesetz - den Frieden zu suchen - das erste von diesem abgeleitete natürliche Gesetz, welches besagt, dass »das Recht aller auf alles nicht beizubehalten sei, sondern (...) einzelne Rechte zu übertragen oder aufzugeben seien« (Vom Bürger, 87). Dies käme auf der internationalen Ebene zumindest einer Einschränkung der staatlichen Souveränität gleich. Hobbes ging deswegen davon aus, dass die durch die Etablierung staatlicher Herrschaft ermöglichte Friedens- und Rechtssicherheit zwischen Staaten nicht zu erwarten sei, »da es keine gemeinsame Macht in dieser Welt gibt, um ihre Ungerechtigkeit zu bestrafen: (...) bei jedem sichtbaren Vorteil werden sie einander überfallen.« (Dialog, 45 f.)

Damit scheint keine Lösung denkbar, die das Völkerrecht analog zum gesetzlichen Zustand der Einzelstaaten sichert. Im *Leviathan* zieht Hobbes offenbar den gleichen Schluss, wenn er schreibt, die Staaten sollten versuchen, »aus Gründen der eigenen Sicherheit ihren Herrschaftsbereich bei jeder angeblichen Gefahr und aus Furcht vor einem Angriff« (Leviathan, 131) zu vergrößern. Weil das Verhältnis der Staaten von Misstrauen und Unsicherheit geprägt ist, müssen sie im Interesse ihrer prekären Sicherheitslage zwangsläufig in eine Spirale von präventiver Gewaltandrohung eintreten. Daher bemühen sie »sich nach Kräften, ihre Nachbarn mit offener Gewalt und Hinterlist zu unterwerfen oder zu schwächen - mit Recht, da es keine andere Sicherheitsgarantie gibt« (Leviathan, 132). »Mit Recht« bedeutet auch hier, dass es keine legitime Einschränkung dieses Kalküls und Verhaltens gibt. Die Analogie des Naturzustands erschöpft sich aber nicht in der Einsicht der Konflikthaftigkeit des nicht rechtlichen Zustands. Hobbes hat ohne Frage das Bewusstsein für diese grundsätzlichen rechtsphilosophischen Problemstellungen geschärft, die hinsichtlich der internationalen Beziehungen bis zum heutigen Tage noch keine befriedigende Antwort gefunden haben.[80]

Nach der naturrechtlichen Konzeption sind auch die internationalen Beziehungen durch Rechtsbeziehungen zu regeln, da man auf die Existenz des vorpositiven Naturrechts zurückgreifen kann. Voraussetzung dafür ist die Annahme, dass das Naturrecht selbst bereits ein verbindliches Recht darstellt. Hugo Grotius (1583–1645) behauptet zwar, dass Recht nur in Verbindung mit einer diesem korrespondierenden Verbindlichkeit bestehen könne, »denn Ratschläge und ähnliche Reden sind zwar anständig, aber sie verpflichten nicht und bilden deshalb kein Gesetz oder Recht«[81], doch er fasst diese Verbindlichkeit sehr weit. Für ihn ist auch das Naturrecht ein von Gott und der Vernunft gebotenes Recht, »welches anzeigt, daß einer Handlung wegen ihrer Übereinstimmung oder Nichtübereinstimmung mit der vernünftigen Natur selbst eine moralische Häßlichkeit oder eine moralische Notwendigkeit innewohnt«[82]. Das Naturrecht ist nach Auffassung der Naturrechtslehrer a priori gegeben und so unveränderlich, dass selbst Gott es nicht verändern kann. Damit kann der verpflichtende Charakter des vorpositiven Naturrechts zum begründenden Fundament der zwischenstaatlichen Rechtsbeziehungen werden.

Mit dem Rechtsbegriff von Hobbes ist dieser Verpflichtungscharakter des Naturrechts allerdings nicht vereinbar. Das Naturrecht besteht für ihn vielmehr in der natürlichen Freiheit, die letztlich jedes Recht ausschließt. Insofern können das Naturrecht und die diesem immanente natürliche Freiheit des Menschen »vom bürgerlichen Gesetz beschnitten und eingeschränkt werden« (Leviathan, 205). Der Zweck jedes Gesetzes ist kein anderer als eben diese Einschränkung, »ohne die kein Friede möglich ist« (Leviathan, 205).

Innerhalb der modernen Naturrechtstradition ist es neben Hobbes' niederländischem Zeitgenossen Grotius vor allem der Schweizer Emer de Vattel, der sich im 18. Jahrhundert um die Ausarbeitung eines Völkerrechts auf der Grundlage naturrechtlicher Argumente bemüht. Bemerkenswerterweise ist es nach Vattel gerade Hobbes, der die entscheidende, wenn auch noch unvollkommene Idee des modernen Völkerrechts begründet habe.[83] Das besondere Verdienst von Hobbes sieht Vattel in dessen Erkenntnis, dass das Völkerrecht nichts anderes sei als die Anwendung des Naturrechts auf die zwischenstaatlichen Beziehungen. Bereits Pufendorf hat gleich Vattel betont, dass Hobbes' Position gegenüber dem Völkerrecht die einzig schlüssige sei. Die Schwäche der Naturrechtslehre wird aber unmittelbar deutlich, wenn man die von Vattel vertretene Annahme der Gültigkeit vorpositiver Rechte gegen die von Hobbes konsequent zu Ende geführte Naturzustandskonzeption liest. Die im Naturzustand herrschende Rechtsantinomie wird auch von Vattel nicht aufgelöst und bleibt in ihrer Problematik auch für das Verhältnis der Staaten zueinander bestehen. Vattel räumt dies auch selbst ein.

Die von Hobbes begründete Abhängigkeit des Rechts von der Existenz eines Souveräns ist in ihrer Radikalität letztlich nicht konstruktiv auf das Völkerrecht zu übertragen, weil so die zahlreichen »Zwischenstufen zwischen einem vollständigen status iuridicus (im Modell des Rechtsstaats) und einem von jeder peremtorischen Rechtssicherheit gänzlich freien Naturzustand«[84] nicht in den Blick kommen. Hobbes hat nicht die Existenz eines Völkerrechts geleugnet, sondern die Möglichkeit seiner rechtlichen Durchsetzung. Er zeigt auf, dass unter Beibehaltung der Souveränität der einzelnen Staaten ein wirksames Völkerrecht nicht realisierbar ist. Die argumentative Stringenz und Stärke der von Hobbes entwickelten Souveränitätstheorie, deren begründungstheoretisches Fundament er in seiner spezifischen Naturzustandslehre gelegt hat, bildeten daher für jeden Denker, der sich mit der Problematik von Souveränität und Völkerrecht auseinandersetzte, den geradezu unvermeidbaren Ausgangspunkt aller weiteren Überlegungen.[85]

5. Schluss

Hobbes' Philosophie wurde in England und auf dem europäischen Kontinent als Provokation und Bedrohung der bestehenden politischen Tradition und Ordnung empfunden. Zu Anfang des 18. Jahrhunderts hat das Adam Glafey in seiner Geschichte der politischen Philosophie treffend auf den Punkt gebracht. »Des *Hobbesii* Lehren [haben] ein grosses Aufsehen gemacht, und [sind] von den meisten (...) nicht ohne Grund vor überaus gefährlich angesehen worden, weshalber auch fast der ganze Schwarm der Gelehrten sich wieder ihn erhub, und seinen Zorn an ihn auszulassen suchte.«[86]

Der hobbessche *Leviathan* nimmt inzwischen einen unbestrittenen Platz unter den Texten im Kanon der politischen Philosophie ein. Aber Hobbes' Lehre wird bis heute immer wieder zur politischen Lagerbildung instrumentalisiert. Häufig werden dabei die wichtigen fundamentalen Erkenntnisse seiner Rechtsphilosophie verkürzt dargestellt. Jede ernsthafte politische Philosophie muss sich, so unbequem das zuweilen auch scheinen mag, Hobbes' Theorie stellen.

In der Situation des Bürgerkriegs konnte Hobbes sehen, dass die souveräne Staatsgewalt nicht mehr in der Lage war, die Aufgaben von Schutz und Friedenswahrung für die Bürger effektiv wahrzunehmen. Dieser Schwäche wollte er in seiner Philosophie entgegenwirken. Insofern entwirft Hobbes im *Leviathan* nicht das Bild eines unüberwindbaren Machtungetüms, sondern zeigt die Grenzen und Schwächen staatlicher Herrschaft auf. Er habe den Staat mit dem im Buch *Hiob* genannten *Leviathan* verglichen, da dieser »ohne Furcht« (Leviathan, 244) sei. Die berechtigte individuelle Furcht, wie sie im Naturzustand herrscht, wird durch den Staat überwunden. Die Untertanen leisten dieser Autorität gegenüber

Gehorsam, weil sie durch diese geschützt werden und keine Furcht mehr vor unmittelbarer Bedrohung oder auch nur vor dem Nichteinhalten von Verträgen haben müssen. Damit einher geht für Hobbes die Erkenntnis, dass die Grenze des staatlichen Rechts genau dort verläuft, wo der Einzelne seine Interessen nicht mehr delegieren kann. Dies betrifft insbesondere die Selbsterhaltung.

Hobbes hat damit in seiner Rechtsphilosophie scharfsinnig das Spannungsverhältnis aufgezeigt, das zwischen der Freiheit und der Notwendigkeit von Herrschaft zum Schutz besteht. Es gelingt ihm letztlich jedoch nicht, diese Problematik vollständig aufzulösen. Ihm kommt aber schon allein deswegen eine nicht zu unterschätzende Bedeutung zu, weil er die Rechtsphilosophie bis zu diesem entscheidenden Punkt vorangetrieben hat – ein Punkt, hinter den jedes weitere Philosophieren über das Verhältnis von Freiheit und Herrschaft nicht zurückkonnte. Der Staat wird durch den Menschen künstlich geschaffen, um die im Naturzustand bestehende Rechtsunsicherheit und die daraus resultierende existenzielle Bedrohung zu überwinden. Der Mensch ist in Hobbes' Rechtsphilosophie nicht nur Rechtssubjekt, sondern auch Schöpfer des staatlichen Gemeinwesens. Insofern ist es nicht nur anachronistisch, sondern wird auch Hobbes' politischer Philosophie nicht gerecht, wenn immer wieder behauptet wird, die menschliche Existenz sei »nach Hitler, Stalin und Mao Tsetung (...) im Gegensatz zu Hobbes (...) nicht nur im staatenlosen Zustand, in der Anarchie, sondern ebenso in der latent oder akut despotischen Situation omnipotenter Staatssouveränität bedroht«[87]. Hobbes hatte das grundsätzliche Problem durchaus erkannt. Er war zuversichtlich, dass er dieses Spannungsverhältnis angesichts von religiös motivierten Bürgerkriegen in Europa in einem angemessenen Verhältnis ausbalanciert hatte. Die Grenzen, an die er bei diesen Bemühungen stieß, geben im Grunde bis heute den Rahmen vor, in dem sich die Rechtsphilosophie bewegt. Hobbes' Lehre ist der entscheidende Ausgangspunkt jeder politischen

Philosophie, die über das Verhältnis von menschlicher Freiheit und Herrschaft nachdenkt. Insofern kann man in der anhaltenden Kritik an Hobbes und der damit einhergehenden Rhetorik gegen ihn auch eine Bestätigung seiner epochalen Bedeutung sehen.

Anmerkungen

1 Für die Vielfalt seiner Studien, die u. a. auch Fragen der Epistemologie, Logik und Physik behandeln, siehe v. a. N. Malcolm (2002). Zitate aus Hobbes' Schriften werden in Klammern durch Kurztitel und Seitenzahl direkt hinter dem Zitat im Text angegeben. Literatur, die im Folgenden in der Argumentation herangezogen wird, sich aber nicht ausdrücklich auf Hobbes bezieht, wird ausführlich in den Endnoten nachgewiesen. Alle anderen Verweise sind nach Autor und Jahr in den Endnoten vermerkt und im Literaturverzeichnis genauer angegeben.

2 Klassisch formuliert hat das Leo Strauss, Natural Right and History, Chicago 1950, S. 182: »The founder of liberalism was Hobbes«. Vgl. auch die Diskussionen bei A. Rapaczynski (1989), H. Hegmann (1994), L. Jaume, Hobbes and the Philosophical Sources of Liberalism, in: P. Springborg (Hg.) (2007), S. 199–216 und M. Oakeshott (2000), S. 41, 67 und 157.

3 Vgl. S. Besson / J. Tasioulas (Hg.), The Philosophy of International Law, Oxford 2010 und vor allem R. Prokhovnik / G. Slomp (Hg.), International Political Theory after Hobbes. Analysis, Interpretation and Orientation, Basingstoke 2011. Vgl. von den älteren Studien besonders T. Taylor (Hg.), Approaches and Theory in International Relations, New York 1978 und H. Bull, The Anarchical Society: A Study of Order in World Politics, London 1984.

4 Zum Einfluss von Aristoteles' Philosophie in der frühen Neuzeit vgl. C. Blackwell / S. Kusukawa (Hg.), Philosophy in the Sixteenth and Seventeenth Centuries, Farnham 1999; C. Horn / A. Neschke-Hentschke (Hg.), Politischer Aristotelismus. Die Rezeption der aristotelischen »Politik« von der Antike bis zum 19. Jahrhundert, Stuttgart 2008 und A. Fidora / J. Fried u. a. (Hg.), Politischer Aristotelismus und Religion in Mittelalter und Früher Neuzeit, Berlin 2007 sowie aus der älteren Literatur die immer noch wichtige Studie von M. Wundt, Die deutsche Schulmetaphysik des 17. Jahrhunderts, Tübingen 1939. Siehe auch B. Wolfers, »Geschwätzige Philosophie«. Thomas Hobbes' Kritik an Aristoteles, Würzburg 1991.

5 G. Jellinek, Allgemeine Staatslehre, Berlin 1920, S. 204.

6 Die Konzentration auf *De Cive* oder den *Leviathan* ist oftmals bereits eine bewusste interpretatorische Präferenz und nicht allein den spezialisierten Detailstudien der Werkgenese vorbehalten. Beispielhaft deutlich wird dies in den widersprüchlichen Interpretationen zum Verpflichtungsgehalt von Hobbes' natürlichen Gesetzen in den Studien von Taylor, der sich auf *De Cive* stützt, und Nagel, der sich ausdrücklich auf den *Leviathan* konzentriert und die von Taylor behauptete moralische Verpflichtung durch die Naturgesetze infrage stellt. Beide Aufsätze sind in deutscher Übersetzung in Kersting (1996) zugänglich. Zur Entwicklung dieser drei Schriften vgl. v. a. Ludwig (1998) sowie Eggers (2008).

7 G. Geismann / K. Herb (1988), S. 52f.

8 Vgl. D. Gauthier (1977). Auch dieser Aspekt wird unterschiedlich interpretiert. Siehe v. a. die mittlerweile klassische Interpretation von H. Warrender (1957), bes. S. 97–100 und diesem folgend A. P. Martinich (1992). Vgl. auch die vorzügliche Arbeit von L. Foisneau (2000).

9 So aber z. B. H. Münkler (1993), S. 105 und W. Kersting (1992), S. 114f. Letzterer folgt in seiner Interpretation weitgehend dem Kosten-Nutzen-Kalkül der spieltheoretischen Interpretation des Gefangenendilemmas, wie dies auf Hobbes' Philosophie bezogen am eindringlichsten von J. Hampton (1986), bes. S. 132–137 und S. 148–152 vorgetragen worden ist.

10 Vgl. C. B. Macpherson (1990), bes. S. 36f. und 70f.

11 Vgl. v. a. D. Gauthier (1969); J. Hampton (1986) und G. Kavka (1986). Diese Ansätze werden nun im Zusammenhang mit Hobbes' Vertragstheorie kritisch diskutiert in J. S. Kraus, The Limits of Hobbesian Contractarianism, Cambridge 1993.

12 Diese Debatte wird resümiert in D. Eggers (2008), bes. S. 198–236.

13 K. Herb, Rousseaus Theorie legitimer Herrschaft. Voraussetzungen und Begründungen, Würzburg 1989, S. 22.

14 Vgl. J. Hampton (1986), S. 61–63. Kritisch zu Hampton trotz vielfältiger Anlehnungen an ihre Interpretation W. Kersting (1992), S. 151. Zum Gefangenendilemma vgl. Anmerkung 19.

15 J.-J. Rousseau, Vom Gesellschaftsvertrag oder Grundsätze des Staatsrechts, hg. und übers. v. H. Brockard, Stuttgart 1986, I-7, S. 21.

16 P. Riley (1982), bes. S. 30–48. Vgl. M. Oakeshott (2000), S. 60–65.

17 Vgl. H. Warrender (1957), S. 43 und 44.

18 Vgl. J. Locke, Zwei Abhandlungen über die Regierung, übers. v. H. J. Hoffmann, hg. v. W. Euchner, Frankfurt/Main 1998, S. 215–231. Im 5. Kapitel dieser Schrift entwickelt Locke seine spezifische Theorie des Eigentums im Naturzustand. Diese Theorie dient – das wurde in der Forschung zu Locke allzu oft übersehen – vor allem dazu, die Enteignung der Eingeborenen Nordamerikas zu rechtfertigen. Eigentum entstehe durch Arbeit, durch die landwirtschaftliche Kultivierung des Landes. Da die Indianer aber nicht arbeiten, sondern Jäger und Sammler sind, können sie kein Eigentum an dem Land haben. Vgl. die wichtige Studie von J. Tully, An Approach to Political Philosophy: Locke in Contexts, Cambridge 1993, S. 137–176.

19 Das Gefangenendilemma ist ein Szenario der Spieltheorie und dient dazu, Entscheidungsoptionen zu analysieren. Im ursprünglichen Beispiel werden zwei Gefangene in separaten Räumen verhört. Jedem wird eröffnet, dass er, wenn er die ihm vorgeworfene Straftat gestehen würde, mit einer Strafe von drei Monaten davonkäme, während der andere mit zehn Jahren zu rechnen hätte. Sollte er nicht gestehen, während der andere gesteht, tritt das umgekehrte Szenario ein. Falls beide nicht gestehen, werden beide mit je einem Jahr bestraft. Sollten beide gestehen, so werden beide mit je acht Jahren bestraft. Anhand dieses Szenarios können die Probleme, die sich anhand dieser Entscheidungsmöglichkeiten für beide Akteure ergeben, durchgespielt werden. Vgl. v. a. R. Hardin, Collective Action, Baltimore 1982 und R. Luce / H. Raiffa, Games and Decisions, New York 1957.

20 B. Ludwig (1998), S. 300 f.

21 G. Geismann / K. Herb (1988), S. 228.

22 T. Hobbes, An answer to a book published by Dr. Bramhall, (…) called the catching of Leviathan, in: The Collected Works of Thomas Hobbes, Bd. IV, S. 279–384, hier S. 284 f.

23 Siehe Sir Robert Filmer, Observations concerning the Original of Government, in: ders., Patriarcha and other Writings, hg. v. J. P. Sommerville, Cambridge 1991, S. 184.

24 Hobbes' Zeitgenosse Hugo Grotius (1583–1645) hat genau dies getan; sein Werk ist mit Zitaten und Verweisen derart überladen, dass seine eigene politische Philosophie erst einmal freigelegt

werden muss. Grotius verfolgte ganz offensichtlich genau die umgekehrte Strategie von Hobbes' Minimalismus. Zu Grotius vgl. v. a. F. Grunert, Normbegründung und politische Legitimität. Zur Rechts- und Staatsphilosophie der deutschen Frühaufklärung, Tübingen 2000; B. Ludwig, Auf dem Wege zu einer säkularen Moralwissenschaft: Von Hugo Grotius' *De Jure Belli ac Pacis* zu Thomas Hobbes' *Leviathan*, in: Jahrbuch für Recht und Ethik 8 (2000), S. 3–31 und P. Schröder, Freiheit und Herrschaft in den Rechtslehren von Grotius und Hobbes, in: N. Konegen / P. Nitschke (Hg.), Staat bei Hugo Grotius, Baden-Baden 2005, S. 107–123.

25 Vgl. die Widmung in *De Cive*, S. 61 f. Siehe ferner L. Strauss (2001), S. 11–17.

26 Die häufigsten Namensnennungen im *Leviathan* sind biblische Namen. Vor allem Jesus und Moses finden hier vielfache Erwähnung. Die bekannten Leitautoren der Rechtsphilosophie und politischen Lehre, wie Machiavelli, Lipsius, Bodin und Grotius, werden im *Leviathan* gar nicht genannt. Für *De Cive* trifft das ebenfalls zu, wobei hier insgesamt noch deutlich weniger Namen genannt werden.

27 U. Krautheim, Die Souveränitätskonzeption in den englischen Verfassungskonflikten des 17. Jahrhunderts. Eine Studie zur Rezeption der Lehre Bodins in England von der Regierungszeit Elisabeths I. bis zur Restauration der Stuartherrschaft unter Karl II., Frankfurt/Main 1977, S. 333.

28 U. Krautheim, a. a. O., S. 339.

29 B. Stollberg-Rilinger, Der Staat als Maschine. Zur politischen Metaphorik des absoluten Fürstenstaates, Berlin 1986, S. 48–61 und D. Hüning (1996), S. 191–199.

30 Wolfgang Kersting zum Beispiel hält Hobbes' Sprachtheorie schlichtweg für falsch. Vgl. W. Kersting (1992), S. 74. Zum für Hobbes so wichtigen Unterschied zwischen natürlich und künstlich vgl. v. a. R. Prokhovnik (1991), S. 115. Für den weiteren Zusammenhang vgl. auch Q. Skinner (1996), bes. S. 303.

31 Vgl. hierzu die wichtige Arbeit von B. Ludwig (1998), bes. S. 331–343. Zur politischen Bedeutung der Sprache bei Hobbes vgl. H. Münkler (2001), S. 75–79.

32 Vgl. auch H. Warrender (1957), S. 65 und S. 68.

33 C. Schmitt (1982), S. 50. Vgl. auch B. Willms (1970), S. 117: »Der Vertrag ist weder eine historische noch eine logische Konstruk-

tion, sondern der zentrale Entwurf des gesellschaftlichen Selbstverständnisses der bürgerlichen Subjekte.«

34 Vgl. z. B. S. Beackon / A. Reeve (1976).

35 W. Kersting (1992), S. 142 f.

36 Vgl. M. Rehm (2003), S. 131, J. Sprute (2002), S. 833–853 und v. a. R. Brandt (1980), S. 41–56.

37 A. Fukuda, Sovereignty and the Sword. Harrington, Hobbes and Mixed Government in the English Civil Wars, Oxford 1997, S. 59–61. H. Warrender (1957), S. 133–136.

38 Gegen die Position H. Warrenders argumentiert D. Hüning (1998), S. 219. Hüning sieht in Hobbes' Konstruktion eines Vertrages, der den Gehorsam der Unterworfenen gegenüber dem Souverän begründet, einen »deutlichen begründungstheoretischem Rückfall«.

39 Vgl. N. Malcolm (2002), S. 20. Siehe auch Q. Skinner, Conquest and Consent: Thomas Hobbes and the Engagement Controversy, in: G. E. Aylmer (Hg.), The Interregnum: The Quest for Settlement 1646–1660, London 1972, S. 79–98. Hobbes diskutiert die konkreten politischen Implikationen seines *Leviathans* ausführlich in seiner Schrift *Considerations upon the Reputation, Loyalty, Manners, and Religion of Thomas Hobbes of Malmesbury, written by himself*, in: The Collected Works of Thomas Hobbes, Bd. IV, S. 409–440, bes. 420. Diese Schrift ist aber in der Rückschau verfasst und insofern ein problematisches Zeugnis.

40 Vgl. Montesquieu, Vom Geist der Gesetze, übers. und hg. v. E. Forsthoff, Tübingen 1992, Bd. 1, XI–6, S. 214 ff.

41 Vgl. W. Nippel, Mischverfassungstheorie und Verfassungsrealität in Antike und früher Neuzeit, Stuttgart 1980, S. 159–311 sowie A. Fukuda, Sovereignty and the Sword, a. a. O., S. 54–61 und 124.

42 Vgl. H.-D. Metzger (1991), der auf S. 50 hervorhebt, dass »für Hobbes' Theorie [der *Elements of Law*] mit ihren völlig anderen Denkvoraussetzungen eigentlich keine Rezeptionsbereitschaft bestehen konnte«.

43 Insofern ist die Argumentation bei Johann Sommerville nicht nachvollziehbar. Vgl. J. Sommerville, Lofty Science and Local Politics, in: T. Sorell (Hg.) (1996), bes. S. 257: »Hobbes's system would indeed be better calculated to appeal to modern sensibilities if his discussion of covenants were omitted or revised. But from the perspective of early Stuart politics, Hobbes's analysis of

covenanting was perhaps the most important part of his theory, because it allowed him to establish the crucial doctrine that the king can always justly take his subject's possessions even without their consent.«

44 J. Locke, Zwei Abhandlungen über die Regierung, a. a. O., S. 207 f.

45 Die zeitgenössischen Theorien gingen allerdings nicht von einem Widerstandsrecht des Volkes als einer amorphen Ansammlung von Individuen aus. Das Volk wird in der ständischen Ordnung betrachtet und ihm kommt nur durch seine ständischen Repräsentanten ein politisches Recht auf Widerstand zu. Vgl. R. v. Friedeburg, Widerstandsrecht und Konfessionskonflikt. Notwehr und Gemeiner Mann im deutsch-englischen Vergleich 1530 bis 1669, Berlin 1999.

46 Die Forschungsdiskussion wird nun in der Studie von S. Sreedhar (2010), S. 132–137 zusammengefasst. Der Versuch, innerhalb der hobbesschen Theorie ein kollektives Widerstandsrecht zu begründen, wie dies Susanne Sreedhar unternimmt, verzeichnet letztlich die Lehre und die von Hobbes selbst klar benannten Intentionen seiner Rechtsphilosophie. Vgl. ferner A. Ryan, Hobbes's political philosophy, in: T. Sorell (Hg.) (1996), S. 241; P. C. Mayer-Tasch (1965), bes. S. 99 und G. Burgess (1994), S. 62–83.

47 D. Hüning (1998), S. 225.

48 W. Kersting, Wohlgeordnete Freiheit. Immanuel Kants Rechts- und Staatsphilosophie, Frankfurt/Main 1993, S. 488.

49 J.-J. Rousseau, Vom Gesellschaftsvertrag, a. a. O., I-4, S. 10. Rousseau kritisierte Grotius' und Hobbes' Souveränitätstheorien. Trotz Rousseaus Rhetorik gegen Hobbes ist seine Rechtsphilosophie diesem jedoch in weiten Teilen verpflichtet. Vgl. auch K. Herb, Rousseaus Theorie legitimer Herrschaft, a. a. O.

50 Vgl. auch M. M. Goldsmith, Hobbes on Law, in: T. Sorell (Hg.) (1996), S. 281 sowie O. Dix (1994), S. 99–106. M. Oakeshott (2000), 46 übersieht diese Problematik und sieht in der Strafgewalt nur ein weiteres Recht des Souveräns.

51 Vgl. dagegen O. Dix (1994), bes. S. 112.

52 So v. a. die Argumentation von J. Hampton (1986), bes. S. 189–207.

53 Dies wurde in der Hobbesforschung auch immer wieder mit unterschiedlicher Akzentuierung diskutiert. Vgl. z. B. H. Warrender (1957), S. 196, J. Hampton (1986), S. 189–207 und A. Ryan,

Hobbes and Individualism, in: G. A. J. Rogers / A. Ryan (Hg.) (1988), S. 98.

54 Vgl. v. a. D. Hüning (2005), S. 235–276.

55 Vgl. z. B. H. Rüping, Grundriß der Strafrechtsgeschichte, München 1981, bes. S. 54–61.

56 Vgl. J. Bodin, Sechs Bücher über den Staat, hg. v. P. C. Mayer-Tasch, München 1981, S. 158–159.

57 Zu Coke vgl. C. Gray, Reason, Authority, and Imagination: The Jurisprudence of Sir Edward Coke, in: Culture and Politics from Puritanism to the Enlightenment, Berkeley 1980, S. 25–66. Für den weiteren historischen Kontext vgl. J. Parkin, Taming the Leviathan. The Reception of the Political and Religious Ideas of Thomas Hobbes in England 1640–1700, Cambridge 2007, S. 200–237.

58 Vgl. u. a. G. Kavka (1986), S. 137–156. Kritisch zu Kavka: P. Pasquino (2001). Die scharfsinnigste Analyse findet sich in K. Hoekstra (1997). Siehe auch die wenig überzeugende Kritik an Hoekstra bei D. Eggers (2008), S. 470–472.

59 Vgl. K. Hoekstra (1997), S. 624.

60 Dies ist eine der Marginalien im *Leviathan*, die bedauerlicherweise in der deutschen Übersetzung nicht mitübersetzt worden sind. Wo diese zitiert werden, handelt es sich um meine eigene Übersetzung.

61 M. Luther, Von weltlicher Obrigkeit, wie weit man ihr Gehorsam schuldig sei, in: ders., Ausgewählte Schriften, hg. v. K. Bornkamm u. G. Ebeling, Frankfurt/Main 1983, Bd. IV, S. 52. Vgl. auch ders., Von der Freiheit eines Christenmenschen, in: ders., a. a. O., Bd. I, bes. S. 241.

62 Vgl. in diesem Zusammenhang auch Luthers Zwei-Reiche-Lehre: »Das weltliche Regiment hat Gesetze, die sich nicht weiter erstrecken als über Leib und Gut und was äußerlich ist auf Erden. Denn über die Seele kann und will Gott niemanden regieren lassen als sich selbst allein. Darum: Wo weltliche Gewalt sich anmaßt, der Seele Gesetze zu geben, da greift sie Gott in sein Regiment und verführt und verdirbt nur die Seelen.« M. Luther, Von weltlicher Obrigkeit, a. a. O., S. 60.

63 Vgl. nun aber vor allem die Aufsatzsammlung zum *Behemoth* in: T. Mastnak (Hg.) (2003).

64 Diese Angriffe richten sich gleichermaßen gegen den römisch-

katholischen und den presbyterianischen Klerus. Vgl. zum Beispiel *Leviathan*, S. 526. Einen guten Überblick zur Thematik bietet F. Lessay, Hobbes's Protestantism, in: T. Sorell / L. Foisneau (Hg.) (2004), S. 265–294.

65 Die wichtigste und einflussreichste Streitschrift ist zweifellos in den *Vindiciae contra Tyrannos* zu sehen. Hobbes hatte sicherlich auch diese Schrift mit im Visier seiner Kritik, denn hier fand sich wiederholt die von ihm attackierte Position vertreten, dass Untertanen nicht verpflichtet seien, dem König zu gehorchen, wenn er Befehle gegen die Gesetze Gottes erteile. Nicht den Einzelnen, aber doch zumindest den Magistraten und Ständen wurde hier das Recht konzediert, ausgehend von ihrer Interpretation der Heiligen Schrift darüber zu entscheiden, ob der König seine Herrschaft im Widerspruch zu den Geboten Gottes ausübe. In diesem Falle kam den Magistraten nach Auffassung der Monarchomachen ein Widerstandsrecht zu. Diese Lehre steht Hobbes' Auffassung diametral entgegen. Vgl. J. Dennert (Hg.), Beza, Brutus, Hotman. Calvinistische Monarchomachen, Köln/Opladen 1968 und C. Zwierlein, Discorso und Lex Dei. Die Entstehung neuer Denkrahmen im 16. Jahrhundert und die Wahrnehmung der französischen Religionskriege in Italien und Deutschland, Göttingen 2006.

66 Zur Entwicklung von Hobbes' politischer Philosophie gibt es eine seit Jahren anhaltende lebhafte Debatte; die Fachliteratur ist kaum noch zu überschauen. Wichtige Positionen und Argumente mit weiterführender Literatur finden sich in: K. Schuhmann, Leviathan and De Cive, in: T. Sorell / L. Foisneau (Hg.) (2004), S. 13–31, K. Hoekstra, The de facto Turn in Hobbes's Political Philosophy, in: T. Sorell / L. Foisneau (Hg.) (2004), S. 33–73, Q. Skinner (2002), bes. S. 238–307 sowie vor allem B. Ludwig (1996).

67 Hier liegt damit auch der entscheidende Unterschied zu der Interpretation H. Warrenders.

68 Diese Problematik ist treffend beschrieben bei R. Kraynak (1990), S. 63: »The paradox of Hobbes's enterprise (...) is that he introduces his own ›doctrine‹ in order to bring an end to doctrinal politics.«

69 *Adiaphora*: das *nicht Unterschiedene*. Mit diesem Begriff wurde zunächst in der antiken Moralphilosophie das Gleichgültige, das zwischen Gut und Böse liege, diskutiert. Im 16. Jahrhundert wur-

den ausgehend von Melanchthon unter diesem Begriff (und dem Begriff der *Mitteldinge*) die für das Seelenheil nicht entscheidenden Glaubensinhalte und -praktiken kontrovers diskutiert.

70 Vgl. hierzu C. L. Manschreck, The Role of Melanchthon in the Adiaphora Controversy, in: Archiv für Reformationsgeschichte 48 (1957), S. 165–182; M. Scattola, Das Naturrecht vor dem Naturrecht. Zur Geschichte des *ius naturae* im 16. Jahrhundert, Tübingen 1999, bes. S. 28 ff.

71 Vgl. auch M. Luther, Von weltlicher Obrigkeit, a. a. O., S. 80.

72 Die Forschungsliteratur zu diesem Aspekt von Hobbes' politischer Philosophie ist überschaubar. Vgl. v. a. die Aufsätze in den Sammelbänden von T. Airaksinen / M. A. Bertman (1989) und P. Caws (1989). Ferner M. Forsyth (1979); D. Hüning in: R. Voigt (Hg.) (2000); N. Malcolm (2002), S. 432–456; P. Schröder, Souveränität und Völkerrecht bei Thomas Hobbes, in: M. Peters / P. Schröder (Hg.), Souveränitätskonzeptionen. Beiträge zur Analyse politischer Ordnungsvorstellungen im 17. bis zum 20. Jahrhundert, Berlin 2000, S. 41–57; D. Armitage, Hobbes and the foundations of modern international thought, in: A. Brett / J. Tully (Hg.), Rethinking the Foundations of Modern Political Thought, Cambridge 2006, S. 219–235; R. Tuck, The Right of War and Peace. Political Thought and international Order, Oxford 1999 und M. C. Williams, The Hobbesian theory of international relations: three traditions, in: B. Jahn (Hg.), Classical Theory in International Relations, Cambridge 2006, S. 253–276.

73 M. C. Williams, The Hobbesian theory of international relations: three traditions, a. a. O., S. 270.

74 Darauf hat bereits H. Warrender (1957), S. 118 f. hingewiesen.

75 Der Jurist Alberico Gentili (1552–1608) hat als Erster diese Idee in die juridische Diskussion eingeführt, diese allerdings nicht wie Hobbes systematisch begründet. Vgl. allgemein C. Schmitt, Der Nomos der Erde im Völkerrecht des Jus Publicum Europaeum, Berlin 1988, bes. S. 123–140. Zu Gentili siehe auch P. Schröder, Vitoria, Gentili, Bodin: Sovereignty and the Law of Nations, in: B. Kingsbury / B. Straumann (Hg.), The Roman Foundations of the Law of Nations: Alberico Gentili and the Justice of Empire, Oxford 2010, S. 163–186. Zu Hobbes vgl. U. Kleemeier, Grundfragen einer philosophischen Theorie des Krieges, Berlin 2002, S. 176.

76 Diese lauten: 1.) Wer darf Krieg führen? Nur der Träger der *auctoritas principis*, das heißt der souveräne Staat beziehungsweise der den Staat verkörpernde Fürst. Für Aquin müssen neben dem ersten Kriterium aber noch die folgenden zwei Kriterien gegeben sein, damit die Voraussetzungen eines *bellum instum* erfüllt sind: 2.) die *iusta causa* und 3.) die *recta intentio*. Letztere sind objektiv kaum feststellbar und weisen darauf hin, dass Aquins Hauptanliegen kein juristisches, sondern ein theologisches und seelsorgerisches war. Vgl. F. Dickmann, Krieg und Frieden im Völkerrecht der Frühen Neuzeit, in: ders., Friedensrecht und Friedenssicherung. Studien zum Friedensproblem in der neuen Geschichte, Göttingen 1971, S. 116–139. Vgl. auch F. H. Russell, The Just War Theory in the Middle Ages, Cambridge 1975.

77 F. de Vitoria, De Iure belli / Über das Kriegsrecht, in: ders., Vorlesungen, hg. v. U. Horst et al., Stuttgart 1997, Bd. II, S. 542–605, hier S. 559.

78 F. de Vitoria, Über das Kriegsrecht, S. 561.

79 F. de Vitoria, Über das Kriegsrecht, S. 565.

80 So scheitert zum Beispiel die Umsetzung des Anspruchs der UN-Charta gerade an dem Interessenkonflikt, der sich aus der einzelstaatlichen Souveränität und einer supranationalen Rechtsordnung ergibt.

81 H. Grotius, Drei Bücher vom Recht des Krieges und des Friedens [Paris 1625], übers. und hg. v. W. Schätzel, Tübingen 1950, I-1, IX, S. 50.

82 H. Grotius, a. a. O., I-1, X, S. 50.

83 Vgl. E. de Vattel, Le Droit des Gens, ou Principes de la Loi Naturelle, 3 Bde., Neuchatel 1777, S. XII.

84 R. Merkel, Lauter leidige Tröster? Kants Friedensschrift und die Idee eines Völkerstrafgerichtshofs, in: R. Merkel / R. Wittmann (Hg.), »Zum ewigen Frieden«. Grundlagen, Aktualität und Aussichten einer Idee von Immanuel Kant, Frankfurt/Main 1996, S. 325.

85 Das wird nirgendwo deutlicher als bei Kants Diskussion der internationalen Beziehungen. Vgl. v. a. I. Kant, Zum ewigen Frieden, in: Kants Werke, Akademie Textausgabe, Bd. VIII, Berlin 1968, S. 354: »Völker als Staaten können wie einzelne Menschen beurtheilt werden, die sich in ihrem Naturzustande (d. i. in der Unabhängigkeit von äußern Gesetzen) schon durch ihr Neben-

einandersein lädiren, und deren jeder um seiner Sicherheit willen von dem andern fordern kann und soll, mit ihm in eine der bürgerlichen ähnliche Verfassung zu treten, wo jedem sein Recht gesichert werden kann.« Ferner: I. Kant, Über den Gemeinspruch: Das mag in der Theorie richtig sein, taugt aber nicht für die Praxis, a. a. O., bes. S. 289 ff. und I. Kant, Die Metaphysik der Sitten, in: Kants Werke, Akademie Textausgabe, Bd. VI, Berlin 1968, S. 312.

86 A. F. Glafey, Vollständige Geschichte des Rechts der Vernunfft, worinnen in dieser Wissenschaft ans Licht getretenen Schriften nach ihrem Inhalt und wahren Werth beurtheilet, Leipzig 1739, S. 159.

87 O. Höffe (2010), S. 224.

Kommentierte Bibliografie

1. Auswahl der wichtigsten rechtsphilosophischen und politischen Werke von Thomas Hobbes

Vom Menschen / Vom Bürger, hg. v. G. Gawlick, Hamburg 1994.

De Cive, hg. v. H. Warrender, Oxford 1983.

The Elements of Law, Natural and Politic. Human Nature and de Corpore Politico, hg. v. J. C. A. Gaskin, Oxford 1994.

Naturrecht und allgemeines Staatsrecht in den Anfangsgründen, hg. v. F. Tönnies, Berlin 1926.

Elementorum Philosophiae Sectio Prima De Corpore, London 1655.

Elemente der Philosophie. Erste Abteilung: Der Körper, hg. v. K. Schuhmann, Hamburg 1997.

Behemoth or the Long Parliament, hg. v. F. Tönnies, Chicago 1990.

Behemoth oder Das lange Parlament, hg. v. H. Münkler, Frankfurt/Main 1991.

Leviathan or the Matter, Forme, and Power of a Common-Wealth ecclesiasticall and civil, hg. v. R. Tuck, Cambridge 1992.

Leviathan oder Stoff, Form und Gewalt eines kirchlichen und bürgerlichen Staates, hg. v. I. Fetscher, Frankfurt/Main 1984.

A Dialogue between a Philosopher & a Student of the Common Laws of England, in: English Works of Thomas Hobbes, hg. v. W. Molesworth, Bd. VI, London 1840, S. 1-160.

Dialog zwischen einem Philosophen und einem Juristen über das englische Recht, hg. v. B. Willms, Weinheim 1992.

The Correspondence, hg. v. N. Malcolm, 2 Bde., Oxford 1994.

Thomas Hobbes' three Discourses. A critical modern Edition of newly identified Work of the young Hobbes, hg. v. N. B. Reynolds / A. W. Saxonhouse, Chicago 1995.

2. Gesamtausgaben

English Works of Thomas Hobbes, 12 Bde., hg. v. W. Molesworth, London 1839–1845.

Thomae Hobbes malmesburiensis Opera philosophica quae latine scripsit omnia, 5 Bde., hg. v. W. Molesworth, London 1839–1845. (Oxford University Press ist seit über zehn Jahren dabei, eine neue Gesamtausgabe der Werke von Hobbes herauszugeben. Solange diese Ausgabe noch nicht abgeschlossen ist, bleibt man zumindest für einen Teil von Hobbes' Schriften auf die Ausgabe von Molesworth angewiesen.)

3. Einführende Studien zu Hobbes

Höffe, O., Thomas Hobbes, München 2010.

Kersting, W., Thomas Hobbes zur Einführung, Hamburg 1992. – Dies ist die argumentativ solideste und Hobbes' Werk am ehesten gerecht werdende einführende Studie.

Martinich, A. P., Thomas Hobbes, Basingstoke 1997.

Martinich, A. P., Hobbes, New York 2005.

Münkler, H., Thomas Hobbes, Frankfurt/Main 1993.

Tuck, R., Hobbes, Oxford 1989. – Die deutsche Übersetzung ist bei Herder erschienen, Spektrum Meisterdenker, Freiburg o. J. Unter den englischen Einführungsstudien ist die Arbeit von Tuck den anderen vorzuziehen.

4. Ausgewählte Fachliteratur zu Hobbes

a) Sammelbände

Airaksinen, T. / Bertman, M. A. (Hg.), Hobbes: War among Nations, Aldershot 1989.

Bernbach, U. / Kodalle, K.-M. (Hg.), Furcht und Freiheit. Leviathan-Diskussion 300 Jahre nach Thomas Hobbes, Opladen 1982.

Caws, P. (Hg.), The Causes of Quarrel. Essays on Peace, War and Thomas Hobbes, Boston 1989.

Foisneau, L. / Thourard, D. (Hg.), Kant et Hobbes. De la violence à la politique, Paris 2005.

Foisneau, L. / Merle, J.-C. / Sorell, T. (Hg.), Leviathan between the Wars. Hobbes's Impact on Early Twentieths Century Political Philosophy, Frankfurt/Main 2005.

Hüning, H. (Hg.), Der lange Schatten des Leviathan, Berlin 2005.

Kersting, W. (Hg.), Thomas Hobbes. Leviathan oder Stoff, Form und Gewalt eines bürgerlichen und kirchlichen Staates, Berlin 1996.

Mastnak, T. (Hg.), Behemoth (Filozofski Vestnik XXIV), Ljubljana 2003. - Eine wichtige, weitgehend in Englisch präsentierte Aufsatzsammlung zu der immer noch zu sehr vernachlässigten politischen Streitschrift *Behemoth*.

Rogers, G. J. A. / Ryan, A. (Hg.), Perspectives on Thomas Hobbes, Oxford 1988.

Sorell, T. (Hg.), The Cambridge Companion to Hobbes, Cambridge 1996.

Sorell, T. / Foisneau, L. (Hg.), *Leviathan* After 350 Years, Oxford 2004.

Springborg, P. (Hg.), The Cambridge Companion to Hobbes's *Leviathan*, Cambridge 2007.

Voigt, R. (Hg.), Der Leviathan, Baden-Baden 2000.

Zarka, Y. (Hg.), Hobbes et son vocabulaire, Paris 1992.

b) Monografien

Bredekamp, H., Thomas Hobbes. Visuelle Strategien. Der Leviathan. Das Urbild des modernen Staates, Berlin 1999. - Die entscheidende Arbeit zur Ikonografie in Hobbes' Werk.

Dix, O., Lebensgefährdung und Verpflichtung bei Hobbes, Würzburg 1994. - Eine wichtige Studie zu Hobbes' Strafrecht.

Eggers, D., Die Naturzustandstheorie des Thomas Hobbes, Berlin 2008. - Ein umfassender Überblick zur aktuellen Forschungsdiskussion.

Foisneau, L., Hobbes et la toute-puissance de Dieu, Paris 2000.

Gauthier, D., The Logic of Leviathan: The Moral and Political Theory of Thomas Hobbes, Oxford 1969.

Geismann, G. / Herb, K., Hobbes über die Freiheit, Würzburg 1988. - Eine wichtige Interpretation von Hobbes' Rechtslehre in kantischer Perspektive.

Hampton, J., Hobbes and the Social Contract Tradition, Cambridge 1986.

Hegmann, H., Politischer Individualismus. Die Rekonstruktion einer

Sozialtheorie unter Bezugnahme auf Machiavelli, Bodin und Hobbes, Berlin 1994.

Hüning, H., Freiheit und Herrschaft in der Rechtsphilosophie des Thomas Hobbes, Berlin 1998. - Eine der wichtigsten Studien zu Hobbes' Rechtsphilosophie der letzten 25 Jahre.

Kavka, G., Hobbesian Moral and Political Theory, Princeton 1986.

Kraynak, R., History and Modernity in the Thought of Thomas Hobbes, Ithaca 1990.

Ludwig, B., Die Wiederentdeckung des Epikureischen Naturrechts. Zu Thomas Hobbes' philosophischer Entwicklung von De Cive zum Leviathan im Pariser Exil 1640–1651, Frankfurt/Main 1998. - Die beste Studie zur Genese von Hobbes' rechtsphilosophischem Werk.

Malcolm, N., Aspects of Hobbes, Oxford 2000.

Malcolm, N., Reason of State, Propaganda, and the Thirty Years' War. An unknown Translation by Thomas Hobbes, Oxford 2007.

Martinich, A. P., The Two Gods of Leviathan: Thomas Hobbes on Religion and Politics, Cambridge 1992.

Mayer-Tasch, P. C., Thomas Hobbes und das Widerstandsrecht, Tübingen 1965.

Metzger, H.-D., Thomas Hobbes und die Englische Revolution, Stuttgart-Bad Cannstatt 1991. - Wichtig für den historischen Kontext.

Oakeshott, M., Hobbes on Civil Association, Indianapolis 2000.

Prokhovnik, R., Rhetoric and Philosophy in Hobbes' Leviathan, New York 1991.

Rapaczynski, A., Nature and Politics. Liberalism in the Philosophies of Hobbes, Locke, and Rousseau, Ithaca 1989.

Riley, P., Will and Political Legitimacy. A Critical Exposition of Social Contract Theory in Hobbes, Locke, Rousseau, Kant and Hegel, Cambridge/Mass. 1982.

Schmitt, C., Der Leviathan in der Rechtslehre des Thomas Hobbes, Hamburg 1938, ND Köln 1982.

Skinner, Q., Reason and Rhetoric in the Philosophy of Hobbes, Cambridge 1996.

Skinner, Q., Visions of Politics, Bd. III: Hobbes and Civil Science, Cambridge 2002.

Skinner, Q., Hobbes and Republican Liberty, Cambridge 2007.

Sreedhar, S., Hobbes on Resistance. Defying Leviathan, Cambridge 2010.

Strauss, L., Gesammelte Schriften, Bd. 3: Hobbes' politische Wissenschaft und zugehörige Schriften - Briefe, hg. v. H. und W. Meier, Stuttgart 2001.

Tönnies, F., Thomas Hobbes. Leben und Lehre, Stuttgart 1925.

Warrender, H., The Political Philosophy of Hobbes, Oxford 1957. - Eine sehr verdienstvolle und fast schon klassisch zu nennende Studie, die die Theorie der Verpflichtung in Hobbes' politischer Theorie thematisiert. Trotz oder vielleicht auch gerade wegen vieler Versuche, gegen Warrenders Thesen zu argumentieren, ist dies immer noch eines der englischsprachigen Hobbes-Bücher, die man als Erstes lesen sollte.

Willms, B., Die Antwort des Leviathan. Thomas Hobbes' politische Theorie, Neuwied 1970.

c) Aufsätze

Beackon, S. / Reeve, A., The Benefits of Reasonable Conduct. The *Leviathan* Theory of Obligation, in: Political Theory 4 (1976), S. 423–438.

Brandt, R., Rechtsverzicht und Herrschaft in Hobbes' Staatsverträgen, in: Philosophisches Jahrbuch 87 (1980), S. 41–56.

Burgess, G., On Hobbesian Resistance Theory, in: Political Studies 42 (1994), S. 62–83.

Gauthier, D., Why ought one obey God? Reflections on Hobbes and Locke, in: Canadian Journal for Philosophy 7 (1977), S. 425–446.

Hoekstra, K., Hobbes and the Foole, in: Political Theory 25 (1997), S. 620–654.

Pasquino, P., Hobbes, Religion, and Rational Choice: Hobbes's two Leviathans and the Fool, in: Pacific Philosophical Quarterly 82 (2001), S. 406–419.

Rehm, M., Begründung statt Begrenzung absolutistischer Macht, in: Ferdowsi, M. A. / Herz, D. / Schattenmann, M. (Hg.), Von himmlischer Ordnung und weltlichen Problemen, München 2003, S. 117–131.

Sprute, J., Moralphilosophie bei Hobbes, in: Deutsche Zeitschrift für Philosophie 50 (2002), S. 833–853.

Schlüsselbegriffe

Common Law Das *Common Law* ist nicht mit Hobbes' Rechtslehre vereinbar, da nur der Souverän Recht setzen kann. Aufgrund seiner Souveränitätstheorie widerspricht Hobbes daher der Idee des *Common Law*, dass das Recht evolutionär durch Richterspruch fortgeschrieben werden kann.

Freiheit Hobbes definiert die Freiheit negativ. Wo es keine die Freiheit einschränkenden Gesetze und daraus resultierenden Verpflichtungen gibt, besteht Freiheit. Da es im *Naturzustand* keine durch staatliche Gewalt erzwing- oder durchsetzbaren Gesetze gibt, herrscht im Naturzustand die unbeschränkte, wilde Freiheit, die aufgrund der ihr inhärenten Widersprüchlichkeit zum Bedrohungsszenario des Naturzustands führt. Gesicherte Freiheit kann es für Hobbes daher nur unter dem gesetzlich geordneten Schutz des Staates geben. Der Preis der gesicherten Freiheit liegt damit in der Begrenzung der unreglementierten Freiheit des Naturzustands.

Furcht Die Furcht um das eigene Leben motiviert die Menschen, sich zum gegenseitigen Schutz zusammenzuschließen. Diese Furcht speist sich aber nicht aus einer moralischen Verwerflichkeit oder Bösartigkeit der Menschen, sondern aus der im *Naturzustand* herrschenden Gleichheit, die potenziell jeden Menschen in das dort herrschende Bedrohungsszenario einbezieht. Der Mensch ist für Hobbes ein furchtsames, kein aggressives Wesen. Seine Leidenschaften und seine Selbstüberschätzung können ihn allerdings zu unvernünftigen Handlungen verleiten (vgl. *voluntas laedendi*). Zur Furcht vgl. Vom Bürger, Kap. I-2, I-3, S. 79.

Gefangenendilemma Die spieltheoretische Annahme des *prisoner's dilemma* scheint oberflächlich dem hobbesschen Naturzustand zu ähneln. Bei gegebenen zwei Parteien besteht das Dilemma darin, dass derjenige, der sich kooperativ verhält, Gefahr läuft, dass der andere diese Kooperationsbereitschaft für seinen Vorteil ausnutzt. Das Nutzenkalkül legt es daher auch für den ersten nahe, sich nicht kooperativ zu verhalten. Dadurch vergeben die beiden Beteiligten die Möglichkeit, das für beide optimale Ergebnis zu erreichen, aber sie vermeiden es, durch den anderen übervorteilt zu werden.

Gesetz Hobbes unterscheidet zwischen den natürlichen und den staatlichen Gesetzen. Die natürlichen Gesetze schreiben die Pflichten zur *Selbsterhaltung* vor. Nur im Staat kann die Beachtung der Gesetze durch die Staatsgewalt durchgesetzt werden. Den natürlichen Gesetzen korrespondiert im *Naturzustand* nur die Einsicht der Menschen (ihre rechte Vernunft). Eine (staatliche) Zwangsgewalt zu ihrer Durchsetzung gibt es im Naturzustand nicht. Daher ist der Status der natürlichen Gesetze defizitär und der Naturzustand muss zur Überwindung dieses Defizits verlassen werden. Der Staat und die ihm eigene souveräne Gewalt ist damit dem Naturzustand bei Hobbes als Lösung dieses Problems bereits eingeschrieben.

Ipse-iudex-Prinzip Im *Naturzustand* hat nach Hobbes jeder ein Recht auf alles. Dieses Recht schließt es für ihn notwendig ein, dass jeder Richter in eigener Sache über den Gebrauch dieses Rechts ist. Auch das letztinstanzliche Urteil über die zur Selbsterhaltung notwendigen Mittel kann daher nicht delegiert werden. Dieses Recht auf alles, über das im Naturzustand jeder Mensch richtet, erzeugt einen unaufhebbaren Rechtskonflikt, da es keine höhere Schiedsinstanz als das je individuelle Urteil gibt. Das *ipse-iudex*-Prinzip mündet daher für Hobbes in der *Rechtsantinomie*. Vgl. zu diesem Prinzip Vom Bürger, Kap. I-9, S. 81.

Naturgesetz Siehe *Gesetz*. Vgl. Vom Bürger, Kap. I-1, S. 75.

Naturzustand Der Naturzustand ist für Hobbes der - fiktive - Zustand, in dem sich die Menschen vor der Staatsgründung befanden. In ihm herrscht völlige *Freiheit*, die von Hobbes aber als widersprüchlich und letztlich für jeden als bedrohlich charakterisiert wird. Vgl. *Freiheit* und *Rechtsantinomie*.

Rechtsantinomie Das von Hobbes im *Naturzustand* konstatierte Recht eines jeden auf alles bedeutet für ihn, dass es dort letztlich kein Recht geben kann, da durch das Recht auf alles ein unauflösbarer Widerspruch entsteht: Jeder tritt mit dem gleichen Recht jedem anderen entgegen. Das Recht auf alles hebt sich insofern selbst auf; seine Wirkung ist so, als wenn kein Recht bestehen würde. Dieser Widerspruch, der im *Naturzustand* besteht, wird von Hobbes durch die Schaffung des rechtlich verfassten Staates aufgelöst. Vgl. Vom Bürger, Kap. I-11 und I-12.

Repräsentation Findet sich noch nicht völlig ausgearbeitet in *De Cive* (V-6, S. 128) und ist eine der entscheidenden Innovationen im *Leviathan* in Hobbes' Rechtslehre (Leviathan, Kap. XVI, S. 125). Der *Souverän* wird zum Repräsentanten der Menschen, wodurch die durch Vertrag geschaffene politische Einheit zwischen den Menschen nun auch wirksam und handlungsfähig vertreten werden kann.

Selbsterhaltung Das Leben ist für Hobbes das höchste Gut. Das Gebot der Selbsterhaltung liegt seiner Philosophie fundamental zugrunde. Für Hobbes kann der Mensch diesem Gebot der Selbsterhaltung nur in einer staatlich verfassten Gemeinschaft wirklich nachkommen. Insofern folgt aus dem Gebot der Selbsterhaltung die Gründung des Staates.

Sicherheit Im *Naturzustand* gibt es Hobbes zufolge keine Sicherheit - weil die Schieds- und Schutzinstanz des staatlichen *Souveräns* fehlt. Hobbes diskutiert Sicherheit dabei sowohl im Sinne der Rechtssicherheit als auch im Sinne der existenziellen Sicherheit des eigenen Lebens und der Sicherheit des materiellen Besitzes. Auch auf der zwischenstaatlichen Ebene gibt es keine Sicherheit.

Souverän Die souveräne Staatsgewalt kann entweder ein einzelner Monarch oder eine Versammlung sein. Entscheidend ist für Hobbes, dass diese letztinstanzliche Gewalt nicht wieder infrage gestellt wird, etwa durch Gewaltenteilung. Legitimiert wird der Souverän durch den Vertrag, den alle Menschen untereinander geschlossen haben. Der Wille des Souveräns (egal, ob Monarch oder Versammlung) repräsentiert dabei den Willen aller Einzelnen (siehe auch *Repräsentation*).

Vernunft Die rechte Vernunft (*recta ratio*) hält die Gebote zur Selbsterhaltung bereit. Der Mensch als vernunftbegabtes Wesen kann durch die Vernunft erkennen, was zur Erhaltung des eigenen Lebens nötig ist. Die *natürlichen Gesetze* enthalten diese Gebote, sodass für Hobbes eine langfristige Perspektive, die auch die Pflichten gegenüber anderen einschließt, besteht. Die durch die Vernunft gebotene Selbsterhaltung wird von ihm daher nicht auf ein kurzfristiges Nutzenkalkül bezogen.

Voluntas laedendi *Der Wille, zu schaden,* kann durch Selbstüberschätzung und Ehrgeiz motiviert sein. Er ist aber zwangsläufig jedem Menschen im *Naturzustand* eigen. Letztlich resultiert er aus der nicht aufgelösten Konflikthaftigkeit des Naturzustands, da jeder sich und seinen Besitz individuell zu verteidigen hat. Vgl. Vom Bürger, Kap. I-4, S. 80.

Widerstandsrecht Das Recht auf Widerstand gibt jeder Einzelne mit dem Eintritt in die staatlich verfasste Gemeinschaft auf. (Vgl. Vom Bürger, Kap. V-11, S. 129) Ein politisches Widerstandsrecht wird damit von Hobbes grundsätzlich ausgeschlossen. Allerdings räumt er ein, dass im Interesse der *Selbsterhaltung* jeder Mensch in den *Naturzustand* zurückfallen kann. Die vertraglich eingegangene Selbstverpflichtung, den staatlichen Gesetzen zu gehorchen, geht für Hobbes nicht so weit, dass dieser Verpflichtung das Selbsterhaltungsinteresse untergeordnet wird.

Zeittafel

1588 Hobbes wird am 5. April geboren.

1596 Schulausbildung in den klassischen Sprachen in Malmesbury.

1603 Studium in Oxford, Magdalen Hall. Abschluss mit BA 1607.

1608 Erzieher, dann Sekretär im Dienst der Familie Cavendish.

1610 In seiner Funktion als Erzieher Reise durch Frankreich und Italien.

1628 Hobbes gibt seine englische Übersetzung von Thukydides' *Peleponnesischem Krieg* heraus.

1634 Erneute Reise – mit einem anderen Zögling der Familie Cavendish – durch Frankreich und Italien. In Paris macht Hobbes die Bekanntschaft des französischen Gelehrten Marin Mersenne.

1636 Hobbes lernt in Florenz Galileo Galilei kennen.

1640 Politische Unruhen in England. Hobbes verfasst, durch den Grafen Newcastle angehalten, seine erste rechtsphilosophische Schrift, die *Elements of Law*. Hobbes meint, diese zunächst nur in Manuskriptform zirkulierende Schrift habe ihn unter den Gegnern der Monarchie in Verruf gebracht. Hobbes flieht noch vor Ausbruch des englischen Bürgerkriegs nach Paris.

1642 *De Cive* erscheint.

1647 Zweite, überarbeitete Auflage von *De Cive*.

1649 Verurteilung und Hinrichtung von Charles I. England wird zunächst republikanisch und dann unter Cromwells Protektorat autokratisch regiert.

1651 Der *Leviathan* erscheint in London, die englischen Monarchisten im Exil sehen in diesem Werk einen Verrat an der Monarchie.

1652 Hobbes kehrt aus dem französischen Exil nach London zurück.

1660 Restauration der Stuarts – England wird unter Charles II. erneut Monarchie.

1668–70 Hobbes arbeitet an einer Geschichte zum englischen Bürgerkrieg – einige Raubkopien tauchen schon in den späten 1670er-Jahren auf; die autorisierte Fassung erscheint erst posthum 1682 unter dem Titel *Behemoth or the Long Parliament.*

1675–76 Hobbes übersetzt Homers *Ilias* und *Odyssee.*

1679 Hobbes stirbt am 4. Dezember.

1683 Seine politischen Schriften werden in Oxford im Innenhof der Bodelain Library öffentlich verbrannt.